아버지의 인생

김성윤 수필집

교음사

| 머리글 |

   늘 반복되는 생활 속에서 하루하루를 살았습니다. 책을 읽고 글을 쓰면서 때로는 외롭고 힘들기도 했습니다. 그 속에 무엇인가를 할 수 있다는 것이 행복했습니다.
   일상생활에서의 기쁨과 슬픔과 아픔들을 경험하고 느낀 것들을, 틈틈이 글을 쓰면서 마음을 달랠 수 있었습니다. 상상도 못 했던 일, 한국장애인문화원에서 또 지원을 받아서 책을 낼 수 있게 되어서 기쁨입니다. 저의 삶의 이야기가 감추어지지 않기 위해서 쓰고 또 썼습니다.
   저의 보잘것없고 작은 삶의 몸부림이 누군가에게 힘과 용기가 되었으면 좋겠습니다.

저를 위해 기도하고 아껴주신 분들에게 감사합니다. 늘 격려를 잊지 않으시는 이민호 선생님과 훌륭한 책으로 엮어주신 교음사의 강병욱 대표님과 류진 편집국장님께 깊은 감사의 말씀을 드립니다.

처음부터 수필을 쓸 수 있도록 이끌어 주시고 지금도 계속 용기를 주시는 오경자 교수님께 뜨거운 가슴으로 감사드립니다. 또한, 함께 수필을 공부한 문우님들께도 감사드립니다.

앞으로 더 좋은 작품으로 독자들을 찾아뵐 수 있도록 노력하겠습니다.

2025년 6월

어느 오후 날 뚝섬에서 김성윤

차례

▸ 머리글

1. 인연인가 보다

목걸이 ⋯ 16
찢어진 청바지 ⋯ 19
자가용 ⋯ 22
잘 키웠다 ⋯ 25
내 발이 되어준 자전거 ⋯ 27
레오 형제님 ⋯ 31
아름다운 배려 ⋯ 35
레오 오빠 고마워요 ⋯ 37
강아지 사랑 ⋯ 41
미쳤다 ⋯ 44
스파트필름 ⋯ 47
전자책 ⋯ 50
길을 고치고 싶다 ⋯ 53
인연인가 보다 ⋯ 55
집들이 ⋯ 58

2. 다른 세계

핸드크림과 고무장갑 … 62

주전부리 … 64

인테리어 … 67

아들이 걱정되어서 … 70

전병 … 74

주말마다 비가 온다 … 76

살림살이 … 78

냉장고 청소 … 81

그놈의 코로나19 … 83

다른 세계 … 86

1만 시간의 법칙 … 90

상자들 … 92

폐지를 주우면서 … 94

김 씨 아저씨 … 97

고마운 분들 … 99

3. 아버지의 인생

아버지의 차(車) ··· 102
에어컨과 선풍기 ··· 104
살인미수 ··· 107
냉커피와 이별 ··· 111
간판 아저씨 ··· 115
모처럼 문학기행 ··· 117
아쉽지만 ··· 119
지옥철 ··· 122
부엉이 가방 ··· 126
얼굴의 비밀 ··· 128
위대한 탄생 ··· 132
산세베리아 ··· 135
눈(雪) ··· 137
아버지의 인생 ··· 139

4. 상상의 날개

엄마의 외출 ··· 144
없어져 간다 ··· 147
옥상 텃밭 ··· 150
교육이 망가지고 있다 ··· 152
상상의 날개 ··· 155
천사들 ··· 157
좋은 친구 ··· 160
그때 그 시절 어떻게 ··· 163
왜 외국으로 ··· 166
노부부 ··· 169
만년도장 ··· 171
옥춘 ··· 173
지금이 좋아 ··· 175
정말 불편해! ··· 179
명함 한 장 ··· 182

5. 하느님 품에 안겼다

일회용 그릇 … 186
내면아이 … 188
목요일 … 190
홀로의 시간 … 192
못난이 참외 … 195
잠자리에 누워서 … 197
이용권 선물 … 200
술과 담배 … 203
가을 음악회 … 205
한강 … 208
하느님 품에 안겼다 … 211
창피해 … 214

김성윤의 수필세계 / 오경자(문학평론가) … 216

1

인연인가 보다

목걸이

 나도 여자인가 보다. 다른 사람들이 하고 다니는 목걸이를 하고 싶었다. 컴퓨터 일러스트와 포토샵을 배우러 다녔다. 같이 배우는 후배가 언니 예쁘다고 자꾸 내 목걸이를 만진다. 사실 그 친구들에게 액세서리도 사치다. 나도 그랬다. 아니 그런 것 할 생각도 못했다. 이젠 좀 여유가 생긴 것 같다. 가끔씩 목걸이도 하고 멋을 부리고 싶다. 역시 목걸이를 하면 더욱더 세련되어 보인다.
 장애인들이 살아가는 이 사회는 정말 힘들다. 취업을 해도 겨우 1년을 버티기 힘들고, 월급도 최저임금도 받기 힘든 세상이다. '어느 누가 멋을 부리고 싶지 않겠는가?'

예쁜 것 가지고 싶고, 좋은 명품 물건들도 가지고 싶은 마음은 누구나 다 같은 마음일 것이다. 얼마 전 노동부에서 누군가 실업자 청년들이 하루 세 잔 커피를 사 먹고 다니고, 택시를 타고 다니고, 백화점 세일 때 돈을 함부로 쓴다는 것을 지적한 사람이 있었다. 사실 맞는 말이다. 이런 말을 했다고 청년들이 그런 소릴 할 자격이 없다고 인터넷에 올리고 난리였단다. 그 돈도 부모님에게서나 형제들이 준 돈일 것이다. 그 돈은 장애인들에게 한 달 생활비요, 용돈이다. 그렇게 힘들게 살아가는 장애인들을 비웃겠지! 몸이 불편하다고, 가진 것 없다고 말이다. 그 속에서도 정말 알뜰히 성실하게 살아가는 장애인들이 꽤 많다. 그런 걸 보면 세상이 좀 씁쓸하다.

그 친구를 보면서 꼭 내 모습을 보는 것 같다. 집에 와 인터넷을 찾아서 싸고 예쁜 목걸이를 서너 개 주문하여 선생님들과 같이 공부하는 친구들에게 가져다가 주었다. 너무나 좋아했다. 그런데 복지사 선생님은 김영란법이라고 받지 않았다. 김영란법 때문에 오고 가는 정이 없어진 것 같아서 아쉬웠다. 제자가 교수님께 커피도 한 잔 못 사 드린다고 한다. 사실 목걸이 사는 돈이 아깝다. 하지만 내가 쓰는 용돈 줄이고 선물하는 것이 좋은 일이리라. 사실 목걸이를 하고 싶어도 손이 불편해서 고리를 끼우지 못하는 친구가 있었다. 나도 그런 것을 못한다. 누가 해 주어야만 한다. 그래서 나중에 그냥 목으로 끼울 수 있는 큰 목걸이를 하나 사다 주었다. 건강하다는 것이 얼마나 행복한 것인지 비장애인들은 모를 것이다.

누군가에게 무엇을 해 줄 수 있다는 것이 행복한 일이다. 내가 사 준 목걸이를 하고 다니는 친구들을 보면 나도 덩달아 기분이 좋아진다.

2017. 2. 26.

찢어진 청바지

 길을 가다가 넘어져서 새로 산 청바지가 구멍이 났다. 꽤 속상하다. 무릎이 까져서 피가 나는 것보다 구멍 난 청바지가 더 속상하다. 넘어졌는데 많이 다치지 않은 것이 천만다행인데도 말이다. 어른이 길거리에서 넘어진다는 것이 창피하여 쥐구멍에라도 숨어 버리고 싶다.

 어릴 적에는 더 잘 넘어졌다. 타이츠나 바지가 성한 것이 없었다. 넘어져서 늘 무릎과 다리는 찢어지고 멍들고 깨지고 곪아서 터지곤 했다. 병원에 가 꿰맨 적도 있다. 살성이 좋아서 상처가 나도 빨리 낫는다. 아마 그렇게 자주 넘어져도 빨리 아물게 하는 것이 신의 선물인 것 같다.

어머니는 그런 딸을 보면서 얼마나 속으로 우셨을까? 그러면서도 어머니는 늘 새로운 바지와 타이츠를 사 주셨다. 몸이 불편한 딸을 위해 더 깔끔하고 예쁘게 입히고 싶었을 것이다. 그때 시절을 생각하면 늘 어머니가 고맙고 미안하다. 아니, 내 가슴이 찢어진다. 살림도 넉넉하지 않은 시절이었다.

지금도 가끔 넘어져서 바지가 성한 것이 없다. 피곤하거나 컨디션이 안 좋으면 다리가 더 비틀리고 넘어진다. 아무리 똑바로 걸으려고 노력해도 안 될 때가 있다. 이럴 때 걸어 다니는 것이 너무나 힘들다. 그럴 때 집에서 쉬어야 하는데 그럴 수가 없다. 느린 행동으로 이 세상을 살아가기 위해서는 더 시간을 쪼개어 노력해야 했다. 늘 잠이 부족할 수밖에 없었다. 지금은 그나마 푹 자는 편이다. 특히 저녁에는 다리가 더 비틀린다. 나이가 먹으니, 체력이 따라주지 않아서 밤늦게까지 활동을 할 수 없다. 그때 그 힘든 시기들을 어떻게 견디어 냈는지 모르겠다. 아마 젊다는 것과 정신력이었을 것이다.

넘어져서 흙이나 피가 묻기 때문에 청바지를 고집한다. 청바지는 더럽게 입어도 괜찮으니까, 또한 찢어진 청바지를 사람들이 입으니까 옛날 같으면 전혀 그런 생각을 못

했을 것이다. 찢어진 청바지를 입으면 괜히 창피하고 없어 보이는 것 같고 사람들이 보기에 게으르게 보이는 것 같다. 시장 갈 시간도 없고 어디 가기가 싫어서 나도 그냥 체면 불고하고 찢어진 청바지를 입고 다닌다. 아마 나이가 들어가는 동안 배짱이 생긴 것 같다. 북한 시민들은 남한이 하도 가난해서 찢어진 청바지를 입고 다닌다고 한단다. 웃지 못할 말까지 나왔다. 사실 시장에 가면 찢어진 청바지를 판다. 돈 주고 찢어진 청바지를 사지는 않을 것이다. 찢어진 청바지보다 아직까지는 찢어지지 않은 청바지가 더 좋다.

  며칠 전 평화시장에 가서 진한 색과 밝은색 청바지를 두 개 사 왔다. 청바지만 입으면 2년 정도 낡을 때까지 입을 수 있다. 새 청바지를 입기가 두렵다. 새것 입는 그날 또 넘어질까 봐 두렵다. 그래도 새 청바지를 입어야 하겠지. 나이가 먹을수록 왜 이렇게 아깝고 궁색해지는 모르겠다. 아마 돈을 버는 것이 힘들다는 것을 나이가 들어감에 따라 절실히 실감하기 때문일 것이다.

2017. 5. 14.

자가용

 요즘 골반이 아파서 늙은 부모님이 내가 일하는 곳까지 차로 출퇴근시켜주신다. 한편으로는 편안하면서 미안하고 마음이 불편하다.
 내가 자가용을 끌고 다닐 수 있다면 얼마나 좋을까? 오가면서 이상하게 사람들이 나를 쳐다보지도 않을 것이다. 아니, 차에 장애인이 타고 있다고 생각도 못 할 것이다. 또한, 오가면서 어디 가냐고 이런저런 것들을 물어보는 사람들과 마주칠 일도 없고, 지하철에서 빨리 못 타냐는 말도 듣지 않을 것이다. 그리고 괜히 시비를 걸어오거나 어린아이로 취급도 받지 않을 것이다. 불편하다고 자기보다 못한다고 생각하고 가르치려 들려고 하는 사람들과도 부딪치지 않을 것이다. 또한, 힘들게 걷지 않아도 좋을 것이고 빨리 움직일 수 있어서 다른 것들로 더 많이 시간을 활용할 수 있어서 좋을 것이다. 차가 있으면 아프지 않은 다리로 성당에 매일 평일 미사도 볼 수 있고, 장애인 수영장에 가서 수영도 할 수 있을 것이다. 그러나 나에게 월급이라는 것이 겨우 용돈 수준밖에 되지 않는다. 하는 수 없이 몸으로 참고 견디어야 한다.

요즘은 부모님께 미안해서 버스를 타고 출퇴근한다. 폭염에다 여름을 잘 견디기 힘들어서 늘 입맛이 없고 소화가 안 되고, 오랫동안 걸으면 골반이 아프다 보니, 버스를 타고 다닌다. 그런데 왜 이렇게 버스비가 아까운지 모르겠다. 건강하게 걸어 다닐 수 있는 것이 행복하다는 것을 새삼 느낀다. 날이 서늘해지면 걸어보리라. 그러나 또 아프면 타고 다녀야 할 것이다. 그래도 걸을 수 있는 한 걸을 것이다. 아직 내 골반 상태가 어느 정도인지 모르겠다. 매일 스트레칭을 하고 있는데 이제는 왼쪽까지 골반이 아프고 지금은 허리까지 아프다. 빨리 물리치료 선생님을 만나야 할 것 같은데, 2년 동안 어떻게 지혜롭게 견디어야 할지 모르겠다.

이런 상황이 힘들고 아프지만 그래도 견디어야 할 것이다. 이것이 내 운명이기에 말이다. 이제는 아무래도 전동 스쿠터나 성인용 세발자전거를 준비해야 할 것 같다. 아직 이만큼이라도 걸을 수 있으니 얼마나 다행스러운 일인가? 하느님께 깊이 감사드린다.

2017. 8. 13.

잘 키웠다

 주민센터에 다니며 나의 상사 주임님을 보면서 부모님이 잘 키웠다는 생각을 한다.

 날씬한 허리에 키도 늘씬하고 얼굴도 예쁘다. 옷도 잘 맞추어 예쁘게 입고 다닌다. 어디 겉모습만 예쁜가. 마음 씀씀이가 너무 예쁘다. 나에게 '이 일을 할 수 있어요? 힘들지 않으세요?'라고 꼭 물어보고 일을 맡긴다. 일을 잘해 준다고 고맙단다. 당연히 내가 해야 할 일인데 말이다. 가끔씩 데리고 나가서 수고한다고 카푸치노 커피나 블루베리 요구르트까지 사 주고, 저녁 식사와 점심 식사까지 대접을 받았다. 정말 이래도 되는 것인지 모르겠다 싶었다.

　일찍 결혼해서 딸아이를 낳아 키웠다면 아마 이 정도 나이가 되었을 것이다. 혹시 나를 닮은 아이를 낳았다면 참 성실하고 책임감이 강하여 무엇인가 했을 것 같다. 그러나 가질 수 없는 기회였다. 주임님을 키우기 위해서 부모님이 고생도 많이 했을 것이다. 복지사를 공부하고 공무원 시험을 합격해서 복지에 힘쓰며 일하는 것이 참으로 아름답다. 복지를 공부했기 때문에 장애인을 잘 이해할 수 있는 것 같다. 아님, 마음 씀씀이가 원래 예쁜 것인지 모르겠다. 유치원이나 학교에서 어릴 때부터 장애인에 대하여 교육이 필요하다고 생각한다. 못난 사람도 잘난 사람도 이 세상에서는 혼자 살아갈 수 없다. 서로가 이해하고 배려하면서 함께 아름다운 세상을 만들어 가는 것이다.

　요즘 주민센터에서 일하는 것이 참으로 행복하다. 내 자신이 이곳에서 일을 잘할 때, 다른 장애인들에게도 일할 기회가 더 많아질 것이다. 또한, 주임님과 같은 분이 많이 있을 때, 이 사회는 더욱더 밝아질 것이다. 장애인들과 비장애인들이 함께 웃으면서 생활하는 기회가 많아졌으면 한다. 앞으로 점점 더 좋아질 것이다.

2017. 8. 19.

내 발이 되어준 자전거

 어릴 적 아버지가 사 주신 네발자전거를 타고 신나게 동네를 돌아다니던 모습이 아직도 생생하다. 자전거를 타고 달리던 스릴이 재미있었다. 옛날에는 동네가 아주 커 보였다. 그때는 사람도 많이 다니지 않았고 또한, 자동차들도 많지 않았던 시절이다. 그때 그 시절, 두발자전거를 왜 배울 생각을 못 했을까. 비틀어진 내 다리 때문에 중심을 잡기 힘들었는지도 모른다.

 가끔 그 어린 시절이 떠오른다. 피곤하거나 컨디션이 안 좋을 때는 불편한 다리는 더 발이 비틀리고 넘어지기도 수없이 넘어진다. 쉬고 싶은데 해야 할 일은 왜 이렇게 많은지 모르겠다. 이럴 때 자가용이나 자전거가 있었으면 좋겠다고 생각했다.

아주 오래전부터 부모님께 자전거 사고 싶다고 말을 해도 아무도 들어주지 않으셨다. 위험하다고 걸어 다니라는 말씀뿐. 가끔 어릴 적 타고 다니던 자전거를 신나게 타고 성당에 가서 미사를 드리고 오는 꿈을 꾸었다. 얼마 전에도 몇 번 꾸었다. '나도 자전거가 있어서 정말 좋아!' 하고 즐거워하다가 깨어나면 언제나 꿈이었다는 사실에 실망했다.

작년부턴가 골반이 조금씩 아프더니, 다리까지 아파서 저녁에는 한 발짝도 바닥을 내디딜 수 없었다. 다리가 불편해도 그나마 걸을 수 있다는 것이 얼마나 행복한 일인지 깨달았다. 병원에 가 주사를 맞고 물리치료를 받으면서 약을 먹어보지만 어쩔 수 없는 것이라고 했다. 계속 아프면 큰 병원에 가야 한다고 의사는 불편한 다리 때문에 자세가 바르지 않아서 허리에 신경이 눌려서 오는 현상이라고 했다. 많이 걸어 다니지도 말고, 오랫동안 앉아 있지도 말라는 것이었다. 헬스 자전거도 당분간 타지 말라 했다. 사실 장애인복지관 물리치료사 선생님은 헬스 자전거를 타야 그나마 발이 오그라지지 않아서 걸을 수 있다고 했다. 걸어 다니는 것보다 자전거를 타고 다니는 것이 덜 아플 것 같았다. 사실 출퇴근해야 하므로 자전거를 구입할 수밖에 없는 현실이다. 삶에 있어서 이것이 안 되면 다른 방법을 찾아서 살아가야 한다. 또한, 전동 스쿠터나 전동 휠체어는 운동이 되지 않아서 사고 싶지가 않았다. 인터넷으로 장애인 보장구를 찾아보다가 보조 바퀴 달린 자전거가 눈에 띄었다.

부모님께 자전거를 사고 싶다고 말하니, 어머니는 허락하셨는데, 아버지는 아무 대답을 하지 않으셨다. 결국 주민센터에 가서 자전거를 샀다. 그것도 거금 35만 원이라는 돈을 주고 말이다. 이렇게 나 자신을 위해 큰돈을 써보기는 처음이다.

자전거를 타고 다니니, 그렇게 편할 수가 없다. 다리도 훨씬 좋아졌다. 빨리 다닐 수 있어서 시간도 절약되고 그 시간에 다른 것들을 더 할 수 있어서 좋다. 또한 자전거를 타고 다니니, 사람들이 장애인인지도 모른다. '이런 네발자전거도 있네.' 쳐다보겠지만 그만큼 상처받지 않아서 좋다. '구더기 무서워 장 못 담글까?'라는 말도 있다. 사실 위험하다. 욕심을 부리지 않고 천천히 다니고 먼저 갈 생각을 하지 않고 양보하면서 다니면 사고가 나지 않을 것이다.

또한, 자전거를 탈 때 성호경을 긋고 타거나, 화살기도를 하고 탄다.

자전거를 타다 보면 아무도 없으면 씽씽 달릴 수 있어서 좋다. 하지만 차와 사람을 피해 다니다 보면 신경을 쓰고, 언덕 올라갈 때나 거리가 편평하지 않을 때는 더욱 힘있게 페달을 밟아야 한다. 이 또한 우리들의 삶을 말해주는 것 같다. 살다가 보면 즐겁고 좋은 일도 있지만, 때로는 견디기 힘들고 아플 때도 있는 것처럼, 인생도 자전거 타는 것과 마찬가지인 것 같다.

그렇게 반대하시던 아버지도 얼마 지나자 비 오면 어떻게 하냐고 좋은 비옷 하나 사야 한다고 말씀하신다. 아마 부모님께서 선물로 사 주실 것 같다. 어머니는 "우리 딸 능력이 있어." 하면서 칭찬까지 해주셨다. 주민센터 동장님과 성당 교우들, 또는 아는 사람들이 자전거를 타고 다니는 것을 보면 멋있다고 한마디씩 한다. 또 어떤 사람은 용기에 감탄했다고 말한다. 하지만 살아가기 위해 어쩔 수 없는 방법이다.

오늘도 자전거를 타고 출퇴근한다. 아이! 신난다.

2017. 10. 23. 여울문학회 vol 19 『아들의 눈물』

레오 형제님

 몸이 부자유스럽다 보니 많은 분의 도움을 받았다. 모두 바쁜 세상에 자신들의 시간을 내서 불편한 나를 성당에 데리고 다녀준 분들을 잊을 수가 없다. 바오로 형제님 그 분의 여동생, 레오 형제님 등 여러분에게 모두 고맙다는 인사를 전하고 싶지만 제대로 표현 못한 것 같다. 허리와 골반과 다리가 아파서 걸어 다니는 것이 무리라고 하여 결국 보조바퀴 달린 자전거를 사서 타고 다니게 되었다. 자매님에게 이젠 성당에 자전거 타고 다닐 수 있으니, 봉사 그만해 주셔도 된다며 그동안 고마웠다고 말했다. '자전거를 타고 다른 사람들보다 먼저 갈 수 있다.'는 생각에 행복했다. 세상에, '다른 사람들보다 내가 먼저 갈 수 있다니', 생각만 해도 신기했다. 늘 뒤처지면서 걸어야 했는데 요즘 이 녀석이 효자다. 레오 형제님께는 자전거를 샀다고 자랑까지 했다.

겨울이 왔는데 기침 소리에 '감기 걸렸냐'고 하면서 그때부터 먼저 문자를 보내어 성당에 같이 가자고 몇 시까지 나오라고 하신다. 때로는 부인과 같이 오거나, 그 동네 분들과 같이 오실 때도 있는데, 가끔은 혼자 오실 때도 있다. 제 책을 읽고 많은 것을 느꼈다고 정말 열심히 살아간다고, 형제님이 부끄럽다고 말한다. 나에게 참으로 배울 점이 많단다. 형제님하고 이런저런 이야기를 하면서 외롭다는 생각이 사라진다. 사실 내가 한 것은 별로 없고 살아가기 위해서 열심히 살아온 것뿐이었는데 칭찬해 주시니 고맙고 좋았다.

3월 17일 오후 5시까지 광화문에서 아는 분이 시집 출간기념회를 한다. 몸도 아프고 시간도 없고, 화분도 들고 가야 하고 또한, 지하철 타고 가면 사람들이 자꾸 건드려서 여러 가지 핑계로 레오 형제님(택시기사님)께 부탁했다. 그런데 차비도 안 받고 데려다주시고, 기념식장에 같이 들어가자고 하니, 레오 형제님은 사양하신다. 그래서 시집 출간기념회를 하는 곳에서 1시간도 채 안 되어 나왔다. 그동안에 벌써 손님을 세 번이나 태웠고 나 때문에 마지막 손님은 돈도 안 받고 내리게 했단다. 내일은 아침에 마라톤 경기가 있어 길이 복잡해 성당에 미사를 보러 가기 힘들 것 같아 곧장 마장동 성당으로 특전미사를 보러 가자고 하셨다. 그동안 이런저런 이야기를 하다가 내가 웃기는 이야기를 하였더니, 힐링이 되었다고 한다. 그나마 형제님이 힐링이 되어서 다행이다. 형제님 보고 늘 고맙다고 하였더니, 수녀님들이나 나에게 봉사를 하면 그만큼 돈을 더 많이 벌게 해 주신단다. 집까지 데려다주면서 나에게 인생 공부를 많이 했다고 한다. 사실은 내 자신이 그런 말을 들을 자격도 없다.

그분께서는 성당 유치원 차를 운전하시고, 택시 운전까지 하신다. 아이들을 무척 좋아하신다. 천사 같은 분이다. 사실 그렇게 봉사를 한다는 것은 쉬운 일이 정말 아니다. 나는 누구를 위해 봉사를 하지 않고 받고만 살아가고 있다. 나보다 어려운 사람들을 도와주고 죽어야지 하지만, 앞으로 그렇게 살 수 있을지 모르겠다. 건강 상태가 좋지 않아서 지금은 당분간 쉬라고 하는데 회복하기가 쉽지 않고 오랫동안 치료를 받아야 한다고 한다. 인생은 아무도 알 수 없는 것 같다. 자꾸 허무하다는 생각을 한다.

혼자 자전거 타고 다녀도 된다고 하니, 추워서 안 된다고, 3월부터 타라고 하더니, 이젠 위험해서 안 된다고 말씀하신다. 이렇게 도움만 받아도 되는지 모르겠다. 다시는 미안해서 개인적으로 어딜 가자고 말을 못하겠다.

아무튼 나를 도와주는 많은 분들이 계시니, 인덕이 많은 것 같다.

2018. 3. 24. 여울문학회 vol 20 『외숙모의 누름돌』

아름다운 배려

멋진 신사가 지하철 승강기에서 어머니와 내게 먼저 타라고 양보하더니, 내릴 때도 먼저 내리라고 비켜서 준다. 그런 멋진 신사를 처음 보았다고 어머니와 이야기를 했다. 이런 사람들이 많아져야 하는데 말이다. 어느 날 병원에 갔다가 오는데 어느 중년 아주머니께서 멋진 신사와 같이 해 주는 것이었다. 그 두 분에게 너무나 고마웠다. 세상이 좋은 쪽으로 변화한다는 것이 나를 편안하게 만들었다. 사실 지하철 타고 오고 가면서 또 어떤 상처를 받을지, 늘 긴장 상태로 활동을 해야 했는데….

또한, 어느 날 이마트에서 물건을 3개 사 가지고 계산대에서 기다리고 있는데 앞에 있는 사람이 계산할 것이 많다고 양보를 했고, 또 앞에 있는 사람도 똑같이 양보해 내가 제일 먼저 계산을 하고 나왔다. 이런 고마운 분들이 있다는 것이 정말 감사했다. 물건을 계산하다가 보면 내가 빨리 행동을 못 해서 미안한 생각이 들기도 한다. 이런 것까지 다 이해해 준다니, 앞으로 더욱더 좋아지겠지.

  그래 나에게 상처를 주는 사람들도 있지만, 이렇게 따스한 마음으로 배려하는 사람들도 있잖아. 그래서 늘 좋은 생각과 고마운 분들만 생각하자. 나쁜 사람들에게 그런 일을 당한 후 1초라도 빨리 잊어버리자. 나의 건강을 위해서 말이다. 배려에 "고맙습니다." 하고 말을 했지만, 그렇게 바쁘지도 않으면서 괜찮다고 양보를 해야 했는데 당연한 것으로 받아들였던 건 아닐까. 가만히 생각해 보았다. 내가 장애인이라고 해서 꼭 배려를 받아야 하는지 생각해 보니, 그런 것은 아닌 것 같다. 그 사람들도 바쁘고 힘들 텐데.

2018. 5. 21.

레오 오빠 고마워요

 차를 태워준다고 해도 계속 거절을 했다. 미안하고 부담이 갔다. 사실 옛날보다 지금은 그나마 자전거가 있어서 훨씬 편안하다. 이제는 먼저 문자를 해서 몇 시까지 나오라고 일방적으로 통보해서 나도 모르게 따라 타고 다녔다. 그것도 벌써 1년이 넘었다.

 성당에까지 태워 주면서 내가 몸이 좋지 않아 넘어지려고 하면 손으로 잡아주고 느린 걸음을 맞추어 주고 차를 타고 오고 가면서 나의 이야기를 들어주었다. 그 자상한 마음씨가 때로는 부러웠다. 잠시 '나도 결혼을 해서 이런 사람을 만날 수 있었더라면 얼마나 좋을까?' 생각도 했다.

성당에 오고 가며 나이 많은 어르신이나 불편한 분이 계시면 꼭 집까지 모셔다드렸다. 그러는 동안 나도 모르게 오빠에게 큰 의지가 되었다.

성실하게 일하면서 신앙심이 깊어 기도도 많이 하신다. 나도 덩달아 더욱더 기도를 많이 하게 되었다. 사람을 만난다는 것은 좋은 일이고 사람에게 배울 점도 있다. 내가 아파하는 몸을 보면서 꽤 마음 아파하셨다. "살이 많이 빠졌어! 큰일이다! 잘 좀 먹으라고, 그렇게 몸이 약해서 어떻게 하느냐?"고 말이다. 때로는 잘못한 것이 있으면 충고도 해 주셨다.

주일에 가끔씩 대부님 대모님과 함께 성당에 미사를 보러 간다. 대모님이 나보고 "이렇게 고마운 레오 씨가 어디 있냐. 그 부부를 위해 기도나 하냐"고 물어보는 것이 아닌가? 매일 묵주기도를 하고 있다고 대답했다. 레오 오빠 아내 대모님이기 때문에 나를 태워다주는 것을 못마땅하게 생각하고 있는 눈치였다. 레오 오빠 아내가 내게 베푸는 친절에 질투심도 나고 부럽기도 해서 심통이 났던 것 같다. 물론 다른 여자와 매주 성당에 다니는 것도 못마땅하기도 했을 것이다. 자기는 바쁘고 힘들다고 남편만 성당에 보내니, 은근히 우리가 불륜이라도 했을 것이라고 생각을 할지도 모를 일이다. 또한, 그렇게 도와주는데 고마운 것도 알지 못하는 것처럼 보였을지도 모른다. 매일 묵주기도뿐만 아니라, 화살기도도 틈틈이 하고 미안해서 선물이라도 사 들고 가면 받지도 않고 "네가 무슨 돈이 있냐"고 그냥 돌려보내서 때로는 마음이 아프기도 하고 눈물이 나오기도 했다.

그날 일요일 저녁 그동안 고마웠다고 이젠 혼자 다니겠다고 문자를 보냈더니 문자 답장이 왔다. "대모님이 뭐라고 했지!" 이제는 문자도 하지 말라고 문자를 보냈다. 얼마 후 아는 언니에게 그 이야기를 하였더니, 네가 잘못했다며 그렇게 인연을 끊는 것이 아니라고 했다. 그 후 미안하다고 문자를 해도 전화를 해도 응답이 없다. 차에다 놔두고 밖에 나가서 손자를 돌보았다고 한다. 결국 3시간 후에 통화가 되었다. 추운데 아무 말 말고, 3월 달부터 운동삼아 자전거 타고 다니라고 하셨다.

2월 24일 "오빠 미안하지만 계속 도움 받으면 안 돼요?" 하였더니, 지금 여러 가지로 복잡하다고 한다. 내 짐작이 맞았다. 그럼, 비 오는 날이나 눈 오는 날에 태워달라고 했다. 그렇게 하겠단다. 추운 날은 계속 태워다주겠다고 한다. 글쎄 그 도움을 받을지(?), 아마 그때 거절을 해야 하겠다. 아직 자전거로 다닐 수가 있으니, 도움을 꼭 받을 필요는 없다. 추운 날은 단단히 옷을 입으면 된다. 그 마음씨가 너무나 고맙다. 나 같은 것이 무엇인데, 그렇게 신경을 쓰는지 모르겠다.

'도움받는 것도 도움을 주는 것도 눈치가 보이는 것이 인생사인가' 보다. 더구나 여자와 남자 관계에서 더욱더 사람들이 의심을 한다. 결국에 '나 때문에 오빠가 꽤 힘들었구나!' 하고 생각했다. 끝까지 도움을 받지 말 걸 하고 후회도 한다. 때로는 습관이 되어서 도움받는 것이 당연하다고 생각했는지도 모른다. 괜히 가슴이 아파온다. 여러 가지로 마음이 복잡해진다. 다만 주님은 우리의 마음을 아시겠지? 아무 유혹 없이 보냈다는 것을 말이다.

자전거를 많이 타고 단전호흡을 하면서 기적이 일어났다. 사람들이 걸음이 좋아졌다고 한마디씩 한다. 가만히 보니, 걸음걸이가 편안하다. 오빠 덕분에 자전거를 더 많이 탄 이유도 있다. 걸음이 좋아졌다고 문자를 하니, 무척이나 좋아하셨다. 매일 새벽미사를 보고 온다고 하니, 피곤하지 않느냐고, 그 대신에 저녁에 그냥 일찍 잠을 잔다고 대답하였다.

그냥 이렇게 문자로 대화할 수 있어 좋다. 그저 그럴 뿐이다. 레오 오빠 고마워요. 2019. 4. 6.

강아지 사랑

나도 강아지를 좋아한다. 주인에게 버림을 받아서 우리 집으로 오게 되었던 뽀미(포메라니안)는 참으로 똑똑하고 영리한 녀석이었다. 세월이 흘러서 눈이 안 보이고 눈썹이 희어지고 누런 털도 하얀색으로 변했다. 또한, 이빨도 빠졌다. 그러면서 밥을 못 먹더니, 그만 세상을 떠나고 말았다. 17년을 살았으면 사람으로 생각하면 장수한 편이다. 더구나 예쁜 짓을 많이 했기에 지금도 보고 싶다. 그 후 정이라는 것이 참으로 무서운 것이라고 생각했다. 강아지를 또 키워서 정이 들면 보고 싶고 그리워지겠지. 가끔 '포메라니안을 다시 키워봐?' 하다가도 고개를 흔든다. 강아지를 먹이고 목욕시키고 아프면 병원에 데리고 가야 한다. 여유와 경제적 능력이 없다. 내 몸 하나 건사하지 못하는데, 강아지를 키울 자신이 없다. 강아지를 키우는 대신에 식물들을 키우는 것이 훨씬 낫다.

요즘 사람들은 결혼하기 싫어한다. 그러면서 남자 대신에 외로워서 강아지를 키운다고 하는 사람들이 있다. 어쩌면 강아지가 주인만 잘 만나면 사람보다 낫다고 생각한다. 반려견을 키우는 것이 아기를 키우는 비용과 같다고 한다.

우리 집 옥탑방에 아가씨가 강아지를 데리고 이사를 왔다. 직장에 다닌다. 강아지가 하루 종일 혼자 있으면 외로워서 우울증에 걸릴 것 같은데, 다행히 두 마리가 있어서 외로울 것 같지 않다. 강아지를 키우면서 옥상에 개똥 천지를 해 놓고 그 똥 냄새 때문에 창문을 열어놓지 못하고 있다. 그것은 예의가 아닌 것 같다. 강아지를 키운다는 것은 그만큼 깔끔해야 하고 책임이 따른다. 강아지호텔, 강아지미용실, 강아지보험, 강아지납골당 등이 있다. 강아지 생일날 축하파티까지 해 준다고 한다. 애견들이 정말 호강이다. 그러다가 귀찮으면 버림을 받는다. 사람들을 위해 반려견들이 희생을 당한다. 말로는 강아지를 사랑한다고 하면서 말이다. 또한, 세상에는 한 끼 밥도 못 먹는 사람들도 있는데 세상은 불공평하다고 생각하게 된다.

  혼족들이 많이 생겼다. 나라 인구가 줄어들고 있는데, 나 자신만 편안하게 살면 된다는 생각이다. 사실 그것에 나도 할 말이 없다. 나도 시집을 가지 않았기 때문이다. 하지만 강아지를 키우는 대신에 결혼하여 아이를 낳아 키우는 것이 훨씬 좋지 않을까? 생각도 해 보지만, 답이 없는 것 같다. 아이를 낳고 직장에 다니기 힘들다. 또한, 사교육비도 만만치 않다. 그런 면에서 나라에서 어떤 대책이 있어야 하겠다. 딸 가진 엄마들중 꼭 결혼을 시키고 싶지 않다는 사람들도 있다. 혼자 살 능력만 있으면 꼭 결혼할 필요가 없다고 생각한다. 큰 문제가 아닐 수 없는 것이 현실이다.

  꽤 오랜 세월이 흘러갔지만 지금도 뽀미가 보고 싶다. 하물며 반려견도 그런데 사랑하는 사람이 죽으면 얼마나 마음이 아플까. 강아지가 꼬리를 살살 흔들면서 나에게 와 재롱을 피우는 모습이 눈에 선하다.

2019. 7. 5.

미쳤다

외롭고 힘들 때, 그것을 보며 재미가 쏠쏠하다. 아니 그것들에게 미쳤다.

모종들을 사다가 햇살과 바람이 잘 통하는 곳에 둔다. 또는 음지에만 사는 것은 응달에 놓아두었다. 출근해서 인사를 하고 어디 아픈 곳이 없는지 살펴본다. 누런 이파리는 따 준다. 화분에 흙들을 손가락으로 만져보고 물기가 없으면 물을 준다. 매일 분무기로 뿌려주기도 한다.

모종들이 꽤 커서 큰 화분에 분갈이들을 해 주었다. 내가 오고부터 분위기가 좋아졌다고 사람들을 말한다. 이 병원에 오는 사람들은 뇌에 문제가 있어서 재활치료를 받으러 오는 사람들이다. 거의가 중증장애인들이 많다. 환자도 보호자들도 꽤 힘들고 많이 지쳐있는 상태이다. 그나마 식물들이 자라는 것을 보고 꽃이 피는 것을 보면서 기분이 좋아지길 바랄 뿐이다. 또한, 그것들을 보면서 희망을 찾을 수 있다면 더 좋은 일이다.

내가 키우면서 기분이 좋아지듯이 그분들도 내 마음과 같을 것이다. 환자들이나 보호자들이 잘 자라는 것들을 보면서 가지고 싶다고 사다 달라고 부탁하거나 가지고 싶은 분에게 인터넷으로 주문해서 심부름을 해 주거나 조용히 선물을 하기도 한다. 어느 어르신은 자기 침대 옆 테이블에 가져다 놓고 만지고 쓰다듬고 화분을 돌려보고 하신단다. 몸이 불편하니, 집에만 있으니, 얼마나 답답하실까? 그렇게 좋아하신다니, 다행이다.

요즘 인터넷으로 식물들을 찾아보고 내가 몰랐던 식물들 이름과 그 특징에 대하여 알아보고 있다. 식물들을 키우면서 나도 잘 키울 수 있다는 용기가 생긴다. 내 방에 있는 네 개의 화분도 너무나 잘 자라고 있어 어머니와 올케들이 부러워한다.

화분들을 자꾸 사고 싶고 누군가에게 자꾸 선물을 하고 싶다. 올해는 식물들에게 미쳐서 보냈다. 이제 그만 해야겠다. 너무 식물이 많아도 관리하기 힘들고 선물도 어느 정도 여유가 있어야 하지 않는가? 올해는 이것으로 끝이다.

  내가 이 직장을 계속 다닐 수 있을지 모르는 일이다. 계속 다닐 수 있다면 이 식물들을 키우고 번식시켜서 직원들과 환자나 보호자들에게 나누어 주고도 싶다. 앞날은 아무도 알 수 없는 일이다. 이 직장에 다니는 동안 열심히 화분들을 관리하고, 청소들을 깔끔하게 할 뿐이다.

2019. 8. 9.

스파트필름

 2004년인가? 2005년인가? 잘 모르겠다. 컴퓨터를 함께 공부하던 친구가 사 준 것이다.
 모종 스파트필름이다. 꽃에는 향이 없지만 하얀 꽃과 잎이 매력적이다. 꽃말은 세심한 사랑이다. 공기정화에 좋다. 누구나 키우기 쉬워서 초보자들에게 권하고 싶은 식물이다.
 너무나 잘 자라서 분갈이를 해 주고 포기를 나누어 하나는 안방에 놓았다. 이 식물은 포기나누기나 꽃이 피고 난 후 새싹이 올라와 작은 화분에 심어 주어서 번식시킨다. 키우기 쉬워서 다른 사람들에게 선물을 하기도 한다.

바쁘다는 이유로 컴퓨터 책상 뒤에 있는 책상 책꽂이에 그냥 놓아두고 겨우 물만 주고 무관심하게 보냈다. 햇살과 바람을 받지 못하니, 꽃은 시들어 버렸다. 나의 무관심이 한 생명을 죽이고 말았다. 어쩌면 무관심이 미움보다 훨씬 무섭다고 했다. 얼마나 주인에게 사랑을 받고 싶었기에 표현도 못하고 죽어 갔을까? 미안하고 후회되지만 어쩔 수 없는 일이다. 모두 살아있는 것에 무관심이 얼마나 무서운 일일까?

세상에, 자세히 보니 다행히 그 옆에 조그만 새싹이 돋아 있었다. 그것을 봄에 조그마한 모종 화분에 옮기어 컴퓨터 책상 옆 왼쪽 창문에 화분을 놓아두었다. 일주일 사이에 많이 커서 좀 더 큰 화분으로 분갈이를 해 주어야겠다. 조금 참고 있다가 분갈이를 하면서 포기나누기로 번식을 시켜 볼 생각이다. 이제는 이 식물에 대하여 잘 알게 되었다.

정말 잘 키워서 환자들이나 가난한 사람들에게 선물을 주고도 싶다. 요즘 병원에서 집에서 식물들을 키우다 보니, 자라고 꽃이 피는 것들을 보면서 재미있고 나도 잘 키울 수 있다는 생각에 용기와 자신감이 생긴다. 마음이 우울할 때 식물들을 보며 기분이 좋아진다.

올해도 화분을 많이 사서 키우기도 많이 했다. 그러면서 내가 모르던 식물 이름을 알게 되었다. 더 예쁜 화분들을 더 사서 내 방에 두고 싶다. 사실 놓아둘 곳도 없는데 말이다. 욕심은 너무 과하면 과유불급(過猶不及)이라고 했다. 많은 화분들을 키우고 싶지만 마음뿐이다. 많이 키우기보다 몇 개 안 되는 화분이라도 정성껏 잘 키우는 것이 더 좋다고 생각한다. 너무 많이 키우면 관리하는 시간도 만만치 않을 것이다.

스파트필름 화분을 선물했던 친구에게 미안하지 않게 잘 자라주어 정말 고맙다.

2019. 8. 19.

전자책

요즈음은 많은 것들이 변하고 있다. 종이책은 비싸고 전자책이 저렴해서 사보고 있다. 사실 그냥 책을 보는 것이 익숙하고 편해서 좋다. 책을 보다가 보니, 책이 너무 많아서 어디에 두어야 할지 고민 중이다. 그런 면에서 전자책이 편안한 것 같다. 또 가지고 다니면서 쉽게 볼 수 있는 장점도 있다. 그래도 아직은 그냥 종이책이 더욱더 좋다고 생각한다. 선물하기도 좋고 말이다. 하지만 전자책을 활용하면 환경에 좋은 것 같다. 그러나 컴퓨터 등을 사용하지 못하는 사람들에게는 읽을 수 없다는 것이 또한 문제이다. 아직은 전자책 인기가 없지만 앞으로는 더 수요가 많아질 것이다.

 옛날 시인들 시집을 빌리려고 도서관에 가도 책을 찾을 수 없다. 또한, 읽고 말 책이라면 그냥 빌려서 읽을 것이지만 공부를 하려면 사야 한다. 그 시들을 읽고 모르는 뜻은 찾아보고 옛날 북한어와 방언과 사라진 낱말을 찾아보고 모르는 한자를 찾아서 그것들을 워드로 다 입력하고 외울 정도로 공부를 하니, 당연히 오랜 시간이 걸릴 수밖에 없다. 그렇게 노력하면서 큰 소리로 수십 번 수백 번 읽으면 내 발음도 좋아질 것이다. 또한, 그 시들을 자꾸 읽다가 보면 한 폭의 아름다운 그림을 보는 것 같다. 나와 같은 생각을 했다는 시인에게서 외로움과 고독감을 덜어주어서 너무나 좋다. 그렇게 매일 저녁에 공부한다는 것은 쉬운 일이 아니지만 이런 지혜로 생활하는 것이 나의 글은 더욱더 좋아지겠지. 요즘 게으름 피우다가 이미혜 선생님의 숙제 검사와 따끔한 충고로 요즈음 마음을 다시 잡기 시작했다. 무더운 날씨가 지났다. 서늘한 가을바람이 다시 시작할 수 있는 용기와 힘을 주는 것 같아서 정말 좋다.

 책을 내는 것도 중요하지만 책을 내기 힘든 사람도 있을 것이다. 그럴 경우 전자책으로 저렴하게 내는 것도 괜찮을 것이다. 작가가 글을 써 놓고 출판하지 못하여 좋은 글들이 숨어 있어서 세상에 빛을 보지 못하는 경우도 많을 것이다. 전자책을 내고 여유가 있으면 그때 책으로 내도 좋을 것이다. 전자책과 종이책으로 다 내는 사람은 좋겠지만 말이다.

  때로는 세월 따라서 정보와 생활방식 등에 변화하는 것들을 따라가는 것도 지혜라고 생각한다.

2019. 9. 14.

길을 고치고 싶다

 가운데 길은 평평하고 좋다. 구석에 있는 길은 울퉁불퉁하고 파인 곳이 많다. 특히 좁은 골목은 가운데로 차가 다니는데, 한쪽으로 주거인의 차가 세워져 있고 주차된 차를 피해서 차가 다닌다. 몸이 불편한 사람이 피해 다니기도 쉽지 않다. 넘어질 수밖에 없다. 휠체어나 유모차나 장바구니를 끌고 다니거나 보조바퀴 달린 자전거도 위험하기는 마찬가지다. 차를 피하여 구석으로 갔다가 움푹 파인 곳 때문에 걸어가다 넘어지고 자전거를 타고 가다가 넘어지기도 한다. 전동휠체어를 탄 사람은 이런 불편함 때문에 교통사고가 나기도 한다. 또한, 인도가 너무 좁거나 울퉁불퉁하여 도저히 다닐 수 없다. 인도와 차도가 높이가 있어서 피할 수 없다. 인도와 차도가 높이만 없어도 빨리 피할 수 있을 텐데 하고 생각도 해 본다. 이런 것들은 약자들의 서러움이다. 다들 나 하나쯤 참으면 되지 하고 아무 말 없이 참고 견디면서 살아가는 것 같다.

얼마 전 TV에서 전동휠체어를 타고 자유롭게, 안전하게 다니고 싶다는 장애인들이 시위를 하는 것을 봤다. 그들이 맞는 말이다. 나도 동감하면서도 내 일상생활에만 바쁘게 몰두하고 있다. 그들의 주장은 장애인뿐 아니라 아기를 유모차에 태워 다니는 엄마들도 편안하게 할 것이다. 노인이 지팡이 짚고 다닐 수도 있고, 많은 물건을 수레에 끌고 다닐 수도 있다.

그들 모두는 문제점을 고쳐주길 바라지만 나는 불편함을 글로 표현해 본다. 그들에 비해 나는 비겁한 사람인지도 모른다. 아무튼, 내가 능력이 있으면 온 길들을 다 고치고 싶다. 나에게 그런 능력이 없다는 것이 한심하다. 그들의 말로 인해 언제 편안한 길이 되어서 걱정 없이 다닐 수 있는 날들이 올지 모르겠다.

아무튼, 너도나도 모두가 편안하게 다닐 수 있는 길을 빨리 만났으면 좋겠다.

2019. 11. 1.

인연인가 보다

레오 오빠 하고 소식이 끊어진 지 몇 개월이 흘러갔다. 내가 오빠에게 상처를 준 것 같아서 늘 마음이 아팠다. 가끔씩 오빠 생각이 나곤 했다. 얼마 전 꿈에서까지 나타나서 나에게 잘 해 주는 꿈을 꾸었다. 인연 되라고 꿈을 꾸었나?

'이해할 만한 것도 이해하지 못하고 서운하게 대한 것 미안하네. 사순시기 잘 보내고 건강 잘 챙겨서 부활 때 보자~.'

하는 문자가 왔다.

'아닙니다. 그동안 잘해 주셨는데, 갑작스럽게 도움을 안 받는다고 해서 많이 서운함과 배신감을 느꼈을 것입니다. 저도 미안합니다. 서로가 상처가 된 것 같아요. 제가 오빠 도움을 끝까지 받지 말아야 했는데, 제가 잘못했어요. 오빠도 건강 잘 챙기세요. 우리 서로가 잘 지내요.'

하고 문자를 보냈다. 또 부인이 싫어하는 것을 알고,

'그동안 고마웠어요. 눈치 없이 힘들게 해서 미안해요. 오빠 차 안 타고 미사 혼자 다닐게요. 가끔 우연히 만나며 인사하고 지내요.'

하고 문자를 보냈다. 그 후 오빠에게 전화와 문자도 거절당했다. 오빠는 성당에서도 나를 모르는 척했다. 내가 오빠를 보면 "안녕하세요." 하며 인사로 내가 할 도리는 다했다.

그렇게 시간이 흘러서 나에게 문자가 온 것이다. 코로나 19 때문에 부활절에도 만나지 못했다. 사실 나도 계속 좋은 관계로 지내고 싶었다. 오빠가 그렇게 사자가 되어 화를 낼지 몰랐다. 사실 나에게 그렇게 잘해 주는 사람이 없을 것이다.

오빠는 마음에 무슨 변화가 온 것인가? 사자같이 으엉응~ 화를 내고 나를 쳐다보지도 않던 사람이 양같이 순한 사람이 되어 나에게 다가오다니? 나에 대하여 아프다는 소문을 들었나, 아니면 코로나19로 오빠가 너무나 힘들어서 유치원 휴강으로 유치원 버스를 끌지 못하고 택시기사도 잘되지 않아서 내 생각을 하고 반성을 했나?

오빠가 나에게 사과하고 다가왔다. 돌처럼 무거웠던 내 마음이 훨씬 가벼워졌다. 그냥 동생처럼 성당에서 만나서 인사나 하면서 지내는 것이 다인 것 같다.

'계속 만나는 인연인가?' 보다. 아니면 하느님께서 다른 뜻이 있어서 주신 인연의 선물인가?

2020. 5. 22.

집들이

 동생이 몇 년 전에 충주에 땅을 샀다. 그 후 새집을 지었다. 궁금해서 부모님과 함께 막냇동생네 집으로 아침 일찍 출발하였다. 부부가 건축 설계를 하기 때문에 동생이 직접 설계를 해서 지은 집이다.
 집이 깔끔하고 아름답고 예쁘다. 좁은 공간들을 잘 활용한 것이 역시 건축가라서 다른 것 같다. 집에 들어가니 빈티지 느낌이 너무나 좋았다. 거실 넓은 창문에 햇살이 들어오고 사계절의 변화를 느끼기에 좋다. 조카 남매가 밖에 나가서 놀고 있는 모습도 볼 수 있다. 그래 '조카들아 공부도 중요하지만 자연과 생활하는 것도 정서적으로나 건

강에도 좋단다.'

  코로나19로 집에만 있다가 공기도 좋고 아름다운 집에 오니, 기분전환이 되는 것 같다. 동생네 내외는 가끔 와서 쉬다가 가라고 한다. 말이라도 고맙다. 글쎄, 생활이 바쁘다 보니, 혼자 오기는 쉽지가 않을 것 같다.

  초등학교 3학년 조카딸이 원두커피를 내리고, 과자를 예쁘게 과일로 꽃장식하고 소스를 뿌려서 나와 부모님께 먹으라고 가져다준다. 중3인 오빠는 과일라떼를 만들어 준다. 정말 맛있다. 주말 부부이기 때문에 주말에 텃밭을 가꾼다. 그럼 조카딸이 커피와 음료와 먹을 것을 만들고 챙겨서 동생 내외에게 갖다 준다고 한다. 그 생각과 행동이 자기네 딸이라서 그런지 그렇게 예쁠 수가 없단다. 또한, 제 아버지가 집에서 설계를 하면 원두커피를 내려서 갖다 준다고 한다. 큰조카는 삽으로 땅을 파고 새집에 디딤돌을 날라서 놓고 했단다. 아직 어린애들인데 그 행동이 너무나 기특하고 대견하다. 어쩜 이 고모는 그렇게 조카들 같이 살지 못한 것이 창피하고 부끄럽다. 매일 커피를 타서 부모님께 드리지만, 가끔씩 어머니가 바쁘면 집안일도 하긴 한다.

  지금도 예쁜 집과 텃밭과 정원들과 조카들이 그리워진

다. 또 가고 싶다. 동생네 식구들 때문에 눈 호강과 맛난 것들을 먹었다.

2020. 6. 5.

2

다른 세계

핸드크림과 고무장갑

핸드크림을 바를 때마다 그 분이 생각난다.

우리 삶에 있어서 사람들을 만나고 그 속에서 많은 것을 배운다. 살아가는 데 있어서 지식도 중요하지만 살아가면서 얻은 자기만의 지혜가 있다. 그것을 보고서 다른 사람들도 배우게 된다.

2007년에 주민센터에서 일을 6개월간 하게 되었다. 내 옆에 여사님은 핸드크림을 다 쓴 것을 그냥 버리지 않고 튜브를 반 잘라서 여러 번 더 사용한다. 아주 깔끔히 알뜰히 쓰고 튜브만 버린다. 나도 그것을 보고 따라서 하고 있다. 아직 그 모습이 잊히지 않는다. 내가 그렇게 사용하는 것을 보고 어머니도 똑같이 사용하신다.

  작년에 일한 직장에서는 동료가 못 쓰는 고무장갑을 버리지 않고 잘라서 고무줄로 물건을 묶어 놓는 것이었다. 난 그것을 보고서 또 하나를 배웠다. 대신 그냥 고무줄보다 고무장갑을 잘라서 사용하는 것이 더 튼튼하고 재활용에도 좋다.

  그 알뜰히 깔끔하게 사용한 여사님은 잘 지내고 계신지 궁금하다.

  핸드크림을 볼 때마다, 여사님과 둘이서 마음이 척척 잘 맞아서 편안하게 일했는데, 그분이 보고 싶다.

2020. 7. 15.

주전부리

 2년 전부터 내 옆에서 함께 일하는 친구는 주전부리를 하지 않았다. 살이 찐다는 이유에서다. 간식시간에 혼자서 자리만 지키고 있다. 괜히 휴게실에 가서 먹기가 미안하다. 다른 사람들은 맛있다고 먹는다. 40이 넘은 친구는 아가씨처럼 날씬하다. 그 친구의 노력이 날씬하게 만든 것이다. 하루 밥 세 끼만 먹고 안 먹는다. 정 배가 고프면 오이나 당근을 먹는다. 정말 대단한 친구다. 어떤 지인은 자기 딸이 여자로서 몸매를 가꾸는 것이 기본이라고 하여서 딸에게 충격을 받았다고 한다. 날씬함도 노력에 따라 얻어지는 것 같다.

겨우 운동으로 살을 뺐는데, 진통소염제를 몇 개월을 먹었더니, 후유증으로 많이 부었다. 거울 보기가 정말 싫다. 매일 운동을 했는데도 살이 찌니, 조금만 걸어도 골반이 아프고 걸음도 잘 걸리지 않는다. 스트레칭을 하는 동안 유연성이 떨어진다. 그래서 살이 찌면 안 되는 것 같다. 의사에게 말해서 약을 바꾸었다. 목에도 염증이 낫지 않아서 결국에 대학병원 가서 검사를 받고 왔다. 이 병은 오랫동안 간다고 한다. 아프다는 이유로 잠도 많이 잔다. 먹는 것도 방심한 것 같다. 성당 할머니는 걸음을 잘 걷고 살이 많이 쪘다고 건강해졌다고 한다. 그 말에 울어야 할지 웃어야 할지 모르겠다. 병원에서 약을 처방 받는데, 약 속에 아로나민씨플러스가 들어 있었다. 그것은 피로회복 영양제다. 그만큼 내 몸이 피곤하고 힘든 상태인가? 의문이 간다. 이럴 때 좀 쉬어야 하나, 어디 여행이라고 갔다가 올까?

사람들은 날씬해지고 싶어 한다. 그러나 몸이 좋지 않아 약을 먹어서 살이 찌는 사람도 있다. 또한, 운동하고 싶어도 시간이 없어서, 또는 아파서 운동을 못 하는 사람들도 있다. 며칠 전부터 밥을 반으로 줄이고, 군것질도 줄이고 있다. 좀 살이 빠지니, 스트레칭을 하기가 훨씬 유연해졌다.

'어떻게 체력을 단련시키고, 어떻게 다이어트를 할까?' 고민이 많다. 하루가 꽉 찬 일상 속에서 매일 서울숲에 가서 한 시간씩 걷고 싶은데, 정말 시간이 없다. 그렇다고 새벽 미사도 염증이 있어서 가지도 못하고 정말 걱정이다. 살과 전쟁은 평생 해야 한다.

그 친구처럼 간식을 전혀 하지 말까?

2020. 7. 28.

인테리어

 일을 시작한 지도 벌써 8년이 넘었다. 인터넷으로 카페를 관리함으로써 그 나름대로 많은 것을 배우고 느낀다. 가구며 소품들, 작은 공간들을 잘 활용하여 코너에 수납장으로 아니면 구석에 책상이나 소파로 꾸미기도 한다. 그밖에 상상할 수도 없는 아이디어가 참으로 많다.

 인테리어를 찾아서 글과 사진과 동영상으로 올리면 사람들이 댓글을 달아준다. '멋있어요. 예쁘네요.' 등등으로 말이다. 그러면 어깨가 으쓱해진다. 다양한 소품들을 만들거나 가구들을 직접 만들어 사용하는 사람들을 보면서 나 또한 따라서 하고 싶은 생각이 굴뚝같다. 손이 자유롭지 못하니, 할 수 없는 일이다.

 이다음에 내가 혼자 독립하여 살게 되면, 공간들을 잘 활용해야지. 넓은 공간에 벽 전체를 책장으로 꾸미고 그 가운데 긴 침대로 꾸며서 거기에서 잠을 자거나, 다리를 길에 늘어뜨리고 책을 읽을 수 있는 공간을 만들고 싶다. 그 옆에 조그만 둥근 탁자를 가져다 놓고 차를 마시며 여유로운 시간을 보내고 싶다. 내가 그렇게 살 수 있을지 모르는 일이다. 침대 그 옆에는 컴퓨터 책상으로 꾸며서 재택근무를 하거나 글 쓰는 장소를 만들고 싶다. 그리고 아무것도 하지 않을 때는 문을 닫아서 그냥 책장으로 볼 수 있도록 하는 것이다. 책장 안에 다른 물건들을 넣을 수 있는 수납장도 함께 사용할 수 있는 공간으로 말이다.

 매일 인테리어 작업을 하다 보니, 나도 모르게 점점 더 인테리어에 전문가가 되어 가고 있다. 머리로는 하고 싶은 것이 많다. 지금은 경제적으로나 육체적으로나 힘든 상태다. 아마 독립을 하면 새롭게 꾸며야 한다. 그때 꿈이 이루어질 것 같다. 어쩌면 꿈만 꾸고 말지 모르지만.

 8년이란 세월, 결코 짧은 세월은 아니다. 난 밝은 목재로 꾸민 가구들과 식물이 있는 집을 좋아한다. 원목 가구는 편안함과 따스한 느낌이 있어서 좋다. 식물은 싱싱함과 생명력을 주고 사람을 편안하고 안정감을 준다. 아마 내가 죽을 때까지 이 작업은 할 것 같다. 하루하루 새롭고 독특한 인테리어를 보니, 마냥 재미있고 즐겁다. 오늘은 어떤 인테리어가 나를 반겨줄지 궁금하다.

2020. 11. 16.

아들이 걱정되어서

작년에 어머니께서는 신장병으로 병원에 입원하셨다. 돌아가실 것이라는 소문이 돌기도 했다. 사람들은 아들 때문에 눈을 감지 못한다고 이야기들이 떠돌았다. 아들은 밥도 안 먹고 울기만 했다. 어머니가 돌아가시면 아들도 밥도 안 먹고 울다가, 어머니가 너무나 그리워 따라 병에 걸려서 죽을지 모른다는 말도 있었다.

서울대학 다니던 시절이다. 여름방학에 농촌 봉사활동을 갔다가 위에서 물건이 떨어졌다. 죽다가 살아난 아들은 아무것도 못 하고 휠체어만 앉아 있어야 했다. 말도 못 하는 신세가 되었다. 어머니는 아들 곁에 늘 붙어서 밥을 먹여

주고 옷을 갈아입혀 주어야만 했다. 아들은 혼자서는 아무 것도 할 수 없는 아이가 되었다. 어머니와 아들은 떨어질 수 없는 운명이 되었다. 그 두 사람에게 그런 날벼락이 없었다. 그 사고로 두 사람의 인생은 망가져 버렸다. 무슨 운명의 장난인가?

어머니는 아들을 돌봐주느라 살이 빠져서 뼈만 앙상히 남은 몸뚱어리가 되었다. 그리고 허리협착증으로 고생을 하셨다. 때로는 몸이 아파서 아들 때문에 병원에 입원도 못 했다. 그런 힘든 고통 속에서도 어머니는 찡그린 얼굴을 하거나 한 번도 짜증이나 화를 내시지 않고 늘 해바라기처럼 밝게 웃으셨다. 어머니는 어머니 중의 어머니시다. 요즘 TV 뉴스에서 어린아이를 학대하고 죽이는 엄마도 있지 않은가. 아들은 어떠할까? 자기 몸으로는 아무것도 할 수 없으면서도 웃기만 하는 아들이다. 집에만 있으니 얼마나 답답하고 힘들었을까. 아무것도 할 수 없으니 말이다. 이런 두 사람을 보면서도 건강한 사람들은 자유롭게 활동할 수 있으면서도 더 많은 것들을 가지고 싶어 하고 욕심을 부리고 때로는 사람들을 미워하고 죽이기도 한다. 내 자신도 고개가 저절로 숙어진다. 생활 속에서 얼마나 불평불만을 했던가?

아들을 걱정하시던 어머니, 늘 우리 요셉이, 우리 요셉이 하시던 어머니는 결국에 60이 넘은 아들을 지상에 두시고 10월 2일 저녁 7시 43분쯤에 눈을 감으셨다. '어머니 아들이랑 걱정하지 마시고 편안히 가세요.' 모든 어머니가 장애인 자식이 사흘 먼저 죽은 후 장례를 치러주고 죽는 것이 소원이라고 한다. 그동안 고생한 세월 신께서 마리아 고생 많았다고 보상해 주지 않으실까? 장례식장에 가서 연도라도 드리고 싶었는데, 몸이 좋지 않아서 못 갔다. 어머니도 복도 없으신 것 같다. 코로나19로 많은 사람에게 기도와 배웅도 못 받고 조용히 쓸쓸히 가셨다.

아들은 밥도 잘 먹고 그런대로 잘 지내고 있다니, 다행이다. 겉으로는 해바라기처럼 웃어도 맘은 얼마나 아프고 외로울까? 그나마 간병인 스테파노 아저씨가 있어서 다행이다. '그래요. 먹어야 살지요. 슬프고 마음 아플 때는, 행복한 일 좋은 일만 생각하세요. 요셉 씨가 잘 지내야 어머니도 하늘에서 요셉 씨 보고 웃으시지요.' 요셉 씨 삶이 아무것도 하지 못하기에 죄를 지을 수 없어서, 이렇게 살다가 천국에 가지 않을까? 하는 생각도 해 본다.

지금 하늘에서도 우리 요셉아, 우리 요셉아 부르시는 것 같다.

모자의 삶이 우리 성당 교우들에게 무언의 가르침이 되어왔는데, 어머니께서 연옥에서 빨리 천국에 가도록, 요셉 씨가 굳건하게 잘 견디고 살아갈 수 있도록 기도해야겠다.

2020. 11. 28.

전병

 코로나19로 크리스마스이브 같지 않다. 우울한 기분과 경제적으로 어려운 시절이다. 사람들 맘과 몸이 꽁꽁 얼어붙었다. 재활 치료를 받고 그냥 집에 들어가기 그래서 마트에 갔다. 아버지가 좋아하는 가나 초콜릿을 두 개 들었다. 아버지와 어머니에게 드리려고 말이다. 마침 옆에 전병을 팔고 있었다. 아~ 아버지가 좋아하시는 생강 묻힌 전병이다. 그 옆에 다른 전병도 골고루 장바구니에 담는다.
 어머니는 나도 미처 생각도 못 했는데, 전병을 사 가지고 왔다고 좋아하신다. 옛날에는 크리스마스 때 귤과 전병만 있으면 크리스마스 선물로 최고라고 하셨다. 아버지는 잡수시면서 맛있다고 하신다. 우리 딸 최고라고 말이다. 어머니는 우리 딸이 사다주지 않으면 어떻게 먹냐고 어머니도 우리 딸 최고라고 하신다.

집에 있는 귤과 전병을 먹으면서 가족 간에 끈끈한 온정과 사랑이 집안 가득 채워진다. 집에만 있으니, 정말 답답하다. 모든 것이 힘든 이 세상에 하루빨리 코로나19가 종식되었으면 좋겠다.

올해는 식구들과 이렇게 소박하게 지내야 하겠다. 다음에 또 전병을 사다 드려야 하겠다. 조금만 신경을 쓰면 아무것도 아닌데, 왜 자꾸 못할까?

2021. 1. 1.

주말마다 비가 온다

 요즘은 주말마다 비가 주룩주룩 내린다. 신께서 지금 우리를 바라보시면서 통곡하며 울고 계시는 것 같다.
 제발 정신 좀 차리라고 무서운 코로나19를 보냈건만, 아직 정신을 차리지 못하고 밖에 나가서 방역수칙을 지키지 않는구나? 비가 오는데도 여전히 우산을 쓰고 나가서, 사람들을 만나서 웃고 떠들면서 즐겨 마시고 먹는구나? 너희들은 뭐가 좋아서 그러느냐? 사람들이 죽어 나가고 전염병으로 앓는 사람들이 있다. 의료진과 봉사들을 밤낮을 가리지 않고 고생하고 있건만, 어디 그뿐인가? 경제는 마비가 되어 가난한 사람들은 더 가난해진다. 약자들과 소외된 이

웃들은 더 힘들어하고 있구나.

정치인들은 국민을 위한 정치가 아니고 자기 욕심 차리기 바쁘구나. 올바른 정치를 할 생각은 아니 하고 당끼리 싸우고 있구나? 발전이란 이유로 생태계가 파괴되고 공기가 오염이 되어 지구가 아프다고 끙끙 앓고 있구나. 약자들과 소외된 이들에게 멸시와 차별로 그들도 이젠 가만히 있지 않고 대들고 일어난다. 결국, 그들은 강자들에게 바위에 달걀 깨진다. 세상은 썩을 대로 썩었구나.

머리가 있어도 현실을 생각하지 못하고 눈이 있어도 현실을 보지 못하고 귀가 있어도 약자들과 소외된 이들의 울부짖음을 듣지 못하고 말과 행동을 함부로 하는구나. 죽는 것보다 못하게 살아서 뭐 하는 짓이냐. 꾸중이 지엄하시다.

비가 꼭 신께서 울고 계시는 것 같다. 어느 철학자는 인간들이 회개하고 올바른 길로 들어섰을 때 재앙이 없어진다고 했다. 아직 코로나19는 사라질 생각을 하지 않고 있다.

오늘 하루도 아침에 눈 떠서 생활할 수 있음에 감사하는 마음이다. 오늘 하루도 기도하는 마음으로 내 삶에 충실하며 나만이라도 올바로 살도록 노력해야 하겠다.

2021. 4. 6.

살림살이

나라는 사람은 어머니 살림살이라는 것을 거의 도와드리지 못했다. 아주 가끔 어머니가 바쁠 때, 상이나 차리고 밥이나 하는 정도였다. 바쁘다는 이유로, 힘들고 아프다는 이유로 말이다.

2남 1녀의 맏이로 태어나서 딸이라고 하나뿐이다. 난 어머니에게 가장 아픈 손가락이다. 장애가 있는 딸을 키우기 위해, 다른 어머니들이 상상도 못 할 아픔들과 고통들을 견디셨다. 어디 그뿐인가? 딸이라는 애가 자존심은 강하여 남에게 싫은 소리를 듣기 싫어한다. 모든 것 잘 참고 견디다가도 폭발을 하면 눈에 보이는 것이 없고 화를 내고 갖은 성질을 다 부렸다. 지금 생각하니, 어머니 가슴에 많은 못을 박았다. 내가 어머니 가슴을 너무나 아프게 하여 몹쓸 병에 걸리신 것 같아서 가슴을 치고 후회해 본다.

  때로는 피곤하고 힘들어하셨다. 다리와 허리가 아픈데도 다리를 끌고 다니면서 그 큰 살림들을 혼자서 하셨다. 그런 모습을 보면서도 모르는 척하였다. 마음은 '도와 드려야 하는데, 엄마 미안해!' 하면서 그렇게 못해 드렸다. 내가 도와주었다면 어머니가 아프지 않으셨을 것 같다. 난, 매일 아프다는 말만 입에 달고 살았다. 그리고 동생들과 차별하는 것이 너무나 싫었다. 그것이 어쩔 수 없는 운명인 걸, 난 부정하고 싶어서 몸부림쳤다. 그럴수록 서로가 상처만 깊어갔다.

  사회에서 장애인 차별과 멸시와 조롱을 당하는 딸 모습에 너무나 아파하셨다. 그 속에서 직장을 구하기 위하여 직업을 찾아다니고, 취직을 해도 1년 넘게 견디지 못하고 수없이 쫓겨나야 했다. 그 가운데에도 컴퓨터 자격증들을 따고 책을 읽고 글을 썼다. 늘 새벽 한, 두 시에 자서 여섯 시에 일어나는 딸을 보기에 정말 안타까워하셨다. 몸이라도 망가지지 않을까? 쓰러지지 않을까. 늘 걱정하셨다. 어머니에게 그 딸 존재 자체가 아픔이었다. 그런 어머니에게 난 불만 불평만 했다.

어머니의 뒷바라지가 아니었다면 난 여기에 오지도 못했다. 어머니 대신 살림하면서 '얼마나 힘드셨을까?' 그동안 키워주신 은혜와 잘못을 뉘우치며 속죄하는 마음으로 집안 살림을 한다. 불편하고 느린 몸으로 살림을 하니, 다른 사람들 행동하는 시간보다 배 이상이 걸린다. 내가 어쩔 수 없이, 감당해야 할 일이다. 요즘은 책을 읽을 시간이 없다. 피곤하여 잠이라도 푹 자고 싶다. 요즘은 식사도 제때 못하고 있다. 시간을 쪼개서 써도 모자란다. 사람의 소중함을 느낀다. 아버지에게 다른 누구에게도 상처를 주지 말아야 하겠다.

내가 살림하는 것을 보면서 어머니는 "바쁜데, 도와주지 못해서 미안하다"고 하신다. 아픈데도 딸 걱정뿐이다. 어머니께서 아프신데도 난 염치없이 잘 먹고 잘 자고 있다. 잘 먹고 잘 견디어야 어머니를 도울 수 있기 때문이다.

'신이시여, 제가 이렇게 노력하고 있으니, 제발 어머니를 데려가지 말아주세요. 어머니 인생은 없이 오로지 가족들을 위해 희생만 하면서 사신 분입니다.' 어머니의 병마에 가슴 졸이면서도 이런 기회를 허락하신 하느님께 오히려 감사드려야겠다. 회개합니다. 2021. 5. 7.

냉장고 청소

어머니가 복수가 차서 아무것도 못 하고 누워만 계신다. 아무도 살림할 사람이 없다. 한평생 아무도 도와주는 사람이 없이 어머니는 이 큰 살림을 해 오셨다.

생전 처음으로 시간을 내어 조금씩 며칠을 두고 청소한다. 냉장고에 어머니의 외롭고 힘든 손때가 묻어있는 것 같다. 아끼고 있다가, 또는 잊어버리고 날짜가 지나간 버린 음식들과 게장과 새우장을 다 먹고 간장만 남은 것들이 아까워 버리지 못해 그대로 둔 것이다. 아무것도 도와주지 못한 것에 미안하기만 하다.

함께 살림하고 도왔더라면 어머니는 덜 외롭고 힘도 좀

덜 들었을 것이다. 날짜가 지나서 음식을 버리는 일도 줄었을 것이다. 이젠 뉘우치지만 아무 소용이 없다. 나 잘났다고 내 생각만 하고 살았다.

  가슴이 저려온다. 이제 맛있는 것들로 채워드릴 수 있는데….

  그럴 날이 꼭 오게 해주실 천주님만 믿는다. 깨끗하게 해 놓고 기다리리라.

2021. 10. 21.

그놈의 코로나19

그놈의 코로나19가 발목을 잡는다.

일주일에 한 번 교수님과 글 벗들이 모인다. 서로가 글을 읽고 공부를 하고 사람들과 같이 점심을 먹으면서 세상 돌아가는 이야기와 이런저런 이야기로 꽃을 피운다. 그 시간들이 나름대로 즐겁고 보람이 있다. 그나마 그곳에 가는 것이 낙이었다.

코로나19가 심해져 2.5단계가 되었다. 몸에 이상이 있는 사람은 출석하지 말라고 한다. 면역력이 약해져서 여러 가지 몸에 이상이 생겼다. 아픈 몸으로도 가는 것이 행복해서 갔는데, 소외감을 느낀다.

신의 뜻이 있겠지! 좀 쉬고 몸을 챙겨서 더 건강해지면 다니라는 것 같다. 계속 자고 싶고 너무나 피곤한 상태다. 염증은 낫지 않고 이가 자주 쏠고 몸이 불편한 곳에는 경직이 되어 꼬이고, 비틀린다. 또 자꾸 넘어진다. 넘어져서 조그마한 상처에도 염증이 생긴다. 염증은 면역이 약해져서 온 것이라고 한다. 어떻게 면역을 키울지 고민이다. 사실 글 공부를 하러 가지 않으니 몸이 덜 피곤하다.

집에서 쉬는 동안에 더 많이 자고 더 많이 운동해서 날씬하고 건강한 몸으로 체력을 키워야 하겠다. 못 읽은 책도 읽으면서 말이다. 조용히 책을 읽으면 마음이 편해지고 세상에 경험하지 못 하는 것을 책으로 간접적으로 경험해서 좋다. 면역력이 약해서 밖에 나오지 못하는 박 선생님은 얼마나 답답하고 외로우실까? 코로나19로 힘든 사람들이 더 힘든 것 같다.

사람들은 다 똑같이 살 수 없다. 자기가 처한 환경에서 나름대로 시간을 아끼면서 꿈을 향해 걸어가는 것도 지혜라고 생각한다.

몸이 빨리 건강해지거나 그놈의 코로나19가 빨리 종식되어서 예전과 같이 사람들과 웃고 떠들고 식사도 하고 차도 함께 마시고 싶다. 정말 코로나19가 사람을 우울하게 만들고 아무것도 못 하게 발목을 잡고 있다. 어렵고 약한 사람들이 더 힘들어지는 것 같다.

2021. 12. 4.

다른 세계

왜 사람들은 다 똑같이 살아가길 원할까?

화장하지 않으면 예의가 아니라고 한다. 또한, 화장하면 예쁘게 보이는 것도 사실이다. 사실 나도 젊어서 색조 화장을 해 보았다. 불편한 손으로 립스틱이나 눈화장하는데, 시간이 오래 걸리고 떨리는 손으로 예쁘게 그리기가 쉽지 않았다. 결국에 몇 번 하다가 하기가 귀찮아져 포기했다. 늘 바쁘게 살다가 보니, 항상 시간이 부족했다. 화장할 시간에 잠을 더 자거나 책 한 자를 더 보는 것이 나에게 더 좋았다. 사실 장애인이 화장하지 않으면 능력이 없어 보일 수 있어서 더 무시하거나 차별을 할 수 있다. 그러나 씻고 옷을 입고 벗는 것도 늘어서 시간이 아까울 때가 있다. 또 몸이 좋지 않을 때는 더욱더 귀찮고 힘들다. 이제는 몸도 따라주지 않아서 잠을 조금 자고 버틸 수가 없게 되었다. 어떤 사람은 나에게 게으름 때문이라고 욕할지 모른다. 지금에 와서 누구에게 잘 보일 사람도 없고 거의 집에서 보내다 보니, 앞으로도 색조 화장은 안 할 것 같다. 오랜 세월을 살아온 습관을 하루아침에 바꾸기는 쉽지 않다. 그래서 습관이 무서운 것이다.

나이를 먹으면 흰머리가 생기는 것은 당연하다. 사람들은 누구나 젊어지고 싶어 한다. 그렇다고 해서 다 염색을 해야 하는 것은 아니다. 동안(童顔)이기 때문에 얼굴이 어리게 보여서 나이가 더 먹어 보이기 위해서 염색을 하고 싶지 않다. 또한, 불편한 몸으로 자주 염색하기는 쉬운 일이 아니다. 귀찮고 시간이 오래 걸리기 때문이다. 머리가 군데군데 뭉텅이로 흰머리가 많이 있지 않고 자연스럽게 있어서 흉하지 않다. 어쩌면 신이 주신 선물이다.

몸이 불편하다 보니 자주 넘어지고, 무엇을 먹을 때 음식을 흘리고, 물건들을 떨어트리고 부딪치고 해서 옷을 곱게 입고 다니지 못한다. 옷을 험하게 입어서 밝은 옷을 입고 다니지 않은 편이다.

남자 친구 만날 시간이 없다. 50이 넘어서 몸이 아픈 곳이 점점 많아지고 있다. 내 몸도 힘든데, 남자를 만나서 결혼한다는 것은 쉬운 일이 아니다. 혼자 하고 싶은 일 하면서 조용히 살고 싶다. 결혼한다면 젊어서 해야 했다. 장애인끼리 만나서 생활한다는 것은 쉬운 일이 아니다. 직업이 있는 장애인도 힘들다. 결혼하여 아이들을 낳아서 세상 사람들에게 따가운 시선으로 상처 주고 싶지 않았다. 엄마로서 몸이 불편해서 아이들에게 못 해 주는 것도 많을 것이다. 이런저런 생각과 걱정에 결혼이라는 것을 포기하고 살았다.

어린 시절 다른 아이들과 똑같이 뛰어놀고 싶었다. 체육 시간, 음악 시간, 미술 시간, 필기 같은 것을 자유롭게 하고 싶었다. 아이들에게 왕따도 받고 싶지 않았다. 공부를 잘해서 대학도 가고 싶었다. 다른 사람들과 같이 떳떳이 직장에 다녀서 돈도 많이 벌고 싶었다. 화장하고 높은 하이힐도 신고 내 나름대로 멋을 부리고 싶었다. 한 남자를 사랑하여 결혼해서 토끼 같은 아이들 낳아서 예쁘게 키우고 싶었다. 가만히 생각하니, 못해본 것이 너무나 많다. 결국에 다른 세계를 살 수밖에 없었다. 살아오면서 한없는 눈물과 아픔과 장애를 극복하기 위한 노력으로 겨우 여기까지밖에 올 수 없었다.

요즘 화장하라, 염색하라, 옷은 밝은 것을 입어라, 남자 사귀라고 하는 사람이 있다. 그 자체가 나에게 상처고 아픔이다. 새벽에 일어나 기도하고 재택근무를 하고 책을 보고 글을 쓰고 건강을 지키기 위하여 운동하고 그러면 하루가 금방 간다. 사실 너무 걸으면 아파서 걸을 수도 없는 상태이다. 오랫동안 어디 돌아다닐 수 없다.

혼자 집에서 묵묵히 열심히 살아가는 그 자체가 행복이고 보람인지도 모른다. 혼자 많은 책을 읽어서 더 좋은 글을 쓰고 싶기도 하다. 혼자만의 시간이 필요하다. 다른 사람의 평범한 생활은 나에게 허락되지 않은 길이다.

다른 사람들이 다 그렇게 살기 때문에 다 똑같이 살아야 할 이유는 없다.

2021. 12. 11.

1만 시간의 법칙

 1만 시간의 법칙을 많은 사람이 알고 있을까? 얼마 전에 이런 법칙이 있다는 것을 알게 되었다. 심리학자의 실증된 연구 결과이다. 10년 동안 전문가가 되기 위해서 최소한의 시간, 매일 3시간씩 노력해야 한다는 이야기다. 하루에 3시간보다 더 노력하면 10년보다 빨리 온다고 한다.
 자기가 하고 싶은 것, 좋아하는 것을 꾸준히 인내하며 노력해야 결과가 온다는 뜻이다. 대부분 사람이 그 기간에 참지 못하고 포기하기 때문에 이루지 못하는 것이다. 성공한 사람은 그만큼 남모르는 피땀과 눈물이 있었기 때문이다. 결국에 남의 떡이 커 보인다. 10년이라는 세월은 길다면 길고 짧다면 짧다.

　컴퓨터를 배우면 뭔가 할 수 있을 것 같았다. 문제는 불편한 손으로 빨리 자판을 칠 수 없었다. 매일 연습하니, 벌써 10년이라는 세월이 흘러서 300타 넘게 칠 수 있었다. 아주 오래전 20대 후반에 아는 언니 집에 놀러 갔다. 목발을 짚고 서서 점심으로 돈가스를 만들어 주는데, 그 불편한 손으로 오이를 아주 빨리 정확하게 썰고 있었다. 비장애인에게도 상대가 되지 않았다. 그 모습이 너무나 아름다워 보였다. 목발을 짚고 불편한 손으로 집안 살림에 여왕이 되어있었다. 그 언니나 나는 아마 1만 시간보다 더 많은 시간이 필요했다.

　그때 그 시절에 아주 기본적인 컴퓨터 자판 연습을 포기했다면 지금에 와서 직업도 구하지 못하고 컴퓨터로 생활에 쉽게 활용하지 못했을 것이다. 또한, 컴맹으로 이 시대에 맞게 살아가지 못했을 것이다.

　아무리 어려운 상황이라도 노력의 시간이 더 많이 필요할 뿐이라고 생각한다.

　아마 지금 컴퓨터를 못 하면 지옥 같은 생활을 했을 것이다.

　천만다행이라고 자신을 위로하며 오늘도 컴퓨터와 놀고 있다.

2022. 1. 29.

상자들

 택배로 온 상자를 버리기가 아깝다. 구석에 차곡차곡 쌓아두었다가 고물상에 가져다준다.
 자가용을 타고 와서 옷가지들을 저울로 재고 몇천 원을 받아 간다. 캔, 깡통들을 모아서 큰 비닐 두 봉지에 가득 가지고 온 사람, 폐지들을 손수레나 리어카에 가득 싣고 온 사람들이 있다.
 코로나로 경제적 어려움과 모든 물가가 오르고 있다. 몇 푼이라도 벌기 위하여 온 사람들을 보니, 가정에 경제적 쪼들림을 잘 말해주고 있다. 어떤 분은 폐지값이 올랐다고 좋아하면서 간다. 물가가 오르니 당연히 폐지값도 오르고 있다. 그래서 살기 마련인가 보다. 폐지를 줍는 어르신들이 꽤 많다. 그중에는 장애인도 있다. 열심히 살아가는 사람들을 보면서 고개가 숙여진다.

가난한 사람들이 몇 푼 안 되는 것을 벌기 위한 행동이 청소와 재활용하는 일에 큰일들을 하고 있다는 점에 감사한다. 사실 일부러 상자를 줍는 사람도 있지만 볼일이 있으면 나갔다가 오고 가면서 줍거나 운동 삼아 산책하면서 줍기도 한다. 없으면 말고 말이다. 폐지를 주우면서 더 돈에 귀함을 알게 된다. 고물상도 가까워서 복 받았다.

상자를 모으면서 많은 생각과 교훈을 얻는다. 그래서 이런저런 일들을 많이 경험해 봐야 하는 것 같다.

5월 좋은 계절에 이렇게 움직일 수 있어서 신께 감사한다.

2022. 5. 5.

폐지를 주우면서

 폐지를 주우면서 여러 가지 생각을 하게 된다. 우선 힘들게 저를 키우신 아버지가 생각이 난다. 지난날들 아버지에게 잘못한 것들이 떠오른다. '아버지 죄송해요.' 이렇게 꿋꿋하게 잘 살아가는 것이 효도하는 일인지도 모른다. 아마 폐지를 줍는다고 하면 식구들이 다 반대할 것이다.

 그냥 운동 삼아 잠깐씩 줍는 데도 몇 푼이라도 버는 것이 꽤 쏠쏠하다. 요즘은 다들 온라인으로 주문을 해서 꽤 상자들이 많이 나온다. 죽을힘을 다하여 평생을 살아왔지만 늘 가난한 삶이다. 이것이 장애인의 서러움이다.

 지난날 보호 작업장에서 일했었다. 5년이 되어도 10년이 되어서도 한 달에 월급 몇만 원 받은 것이 다. 그 친구들이 떠오른다. 차라리 폐지를 줍는 것이 더 낫지 않을까? 오피스텔 관리 소장님 처남이 말이 어눌하고 다리가 불편하다고 한다. 그래서 저에게 무척 잘해 주신다. 처남이 소 키우는 데 가서 일했는데, 일 못 한다고 구박을 받고 월급도 못 받았다. 다른 곳 염전에서도 일했는데 그곳에서도 마찬가지다. 그래서 일을 그만두고 집에 있다고 한다.

차라리 구박을 받고 월급을 받지 못하는 그것보다 사람들이 쳐다보는 것이 창피하고 힘들고 넘어져서 다칠까 봐 용기가 없어서 못 하고 있다. 폐지를 줍는다고 아무도 뭐라고 할 사람 없다. 자기가 줍는 만큼 벌 수 있다. 폐지를 줍는 것이 더 낫다고 생각한다. 아주 가끔 장애인이 줍는 폐지를 뺏어 가는 못된 사람도 있지만, 그보다 좋은 사람들이 많다. 장애인이 줍는다고 도와주는 사람들도 꽤 많다. 그래서 살아가기 마련이다.

장애인들이 겪고 있는 가난이라는 끊을 수 없는 현실을 신께서는 어떻게 생각하실까?

폐지를 줍는 지혜와 건강이 있으니, 그나마 신께 감사할 뿐이다.

난 오늘도 운동 삼아 즐거운 마음으로 폐지를 줍는다. 그 속에서 작은 보람과 행복을 느낀다. 얼마나 감사한 일인가!

2022. 8. 6.

김 씨 아저씨

 오피스텔 80대 관리 김 씨 아저씨, 제가 폐지를 줍는 것을 보시고, 정신력 강하다고 안타깝다고 하신다.

 오피스텔에서 나오는 상자들 주워서 관리 사무실 큰 수레에 차곡차곡 쌓아서 노끈으로 사랑하는 마음으로 꽁꽁 묶는다. 이 더운 폭염에 땀방울을 주르륵 흘리면서 말이다. 저에게 고물상에 갖다주라고 연락을 주신다. 아무 말 없이 묵묵히 폐지를 모아서 주신다. 그 정성과 사랑으로 관리실 큰 수레를 고물상에 갖다주면 꽤 쏠쏠하다. 사실 수레를 사서 놓아둘 데도 없다. 김 씨 아저씨는 폐지를 모아 놓을 장소까지 마련해 주셔서 너무나 고맙다. '어디 이런 분이 있을까?' 고맙고 또 고맙다.

  아저씨의 고마움과 돈의 귀함을 생각하면서 더 알뜰히, 열심히 살려고 노력한다. 아저씨가 고마워 달콤하고 시원한 냉커피를 매일 타서 드린다. 아저씨께서는 커피가 맛있다고 좋아하신다.

  노력하고 열심히 살려는 사람에게 복이 오는 것 같다.

  신이시여, 저를 도와주는 고마운 분이 계시니 정말 감사합니다.

  신이시여, 김 씨 아저씨께 항상 건강과 축복을 주소서.

2022. 8. 13.

고마운 분들

　토요일은 어지러워서 잠만 잤다. 일요일과 월요일은 온종일 비가 주룩주룩 내렸다. 운동 삼아 폐지를 줍지 못했다. 아프다는 핑계로 일만 겨우 해 놓고 편안하게 쉬었다. 화요일 오전에 재택근무를 하고 점심을 먹고 냉커피 두 잔을 타서 관리실로 가니, 김 씨 아저씨는 벌써 큰 수레에 가득 폐지를 쌓아서 묶어 놓으셨다. 3일 동안 오피스텔에서 나오는 폐지가 꽤 많다.

　수레를 3번이나 고물상에 갖다주었다. 옆에 건물 오피스텔 관리 아저씨가 상자들을 모아주셔서 또 고물상에 갖다주고 왔다. 오고 가면서 상자들을 더 주워서 가지고 가기도 한다. 또한, 저를 보고 상자들과 옷들, 알루미늄 깡통 등등을 모아서 주시기도 하고 힘들다고 음료수를 주시거나 시원한 음료수 사 먹으라고 돈을 주시기도 한다. 가다가 수레에 끈이 풀어지면 길거리에 가던 사람들이 묶어 주시기도 한다. 정말 고마운 일들이다.

동네에 상자가 많이 있어도 가지고 가지 못하게 한다. 다른 사람에게 폐지를 맡아 놓고 주기 때문이다. 폐지도 경쟁심이 있다. 어느 아주머니는 여기서 저기서 가지고 가라는 연락이 와서 오늘 하루는 꽤 바쁘다고 하신다.

이런 고마운 분들이 있기에 살아가기 마련이다.

그 속에 잠깐 운동 삼아 하는 것이지만 함께 살아가는 방법을 배워간다.

2022. 9. 9.

3

아버지의 인생

아버지의 차(車)

아버지께서 차를 팔았다는 어머니 말씀에 마음이 아프다.

늘 새 차 같이 아끼고 닦았던 아버지의 차이다. 아버지에게 분신 같은 차였다. 그렇게도 아끼었던 차다.

이스타나 차로 가족들과 여행도 다니고 내가 아플 때, 그 차로 병원도 데려다주기도 하고 어머니와 아버지와 함께 이마트 쇼핑도 했다. 걸음에 변형이 와서 걸을 수 없을 때, 직장에 출퇴근까지 했던 차다. 가족과 함께한 추억들이 참으로 많은 차이다. 가끔씩 아버지는 친구들과 함께 놀러 다니실 때 그 차를 이용하셨다.

70이 넘으면 지적 능력이 떨어지기 때문에 운전하지 않는 것이 좋다고 한다. 아버지의 다리 같은 차이다. 아버지는 군대 시절에 운전병을 했기 때문에 운전을 정말 잘하신다. 아버지의 나이 86세이다. 신장이 나빠지고 식사를 반밖에 못 하신다. 몸이 말라가고 기운도 없으시다. 이제는 어디 가실 때, 택시를 사용하신다. 그런 모습을 보니, 아버지 모습이 초라하고 안타깝다. 가족들을 위해 희생한 아버지, 특히 내가 아버지에게 잘못한 것들이 이제야 내 가슴을 친다. 뉘우치지만 지나간 세월은 후회해도 소용이 없다.

내 마음도 이렇게 아픈데, 아버지 마음은 어떠실까? 차도 팔고 몸도 점점 약해지는 모습에서 그 마음이 읽히는 것 같아 가슴이 더 아프다.

세월은 피할 수 없는 것 같다.

2022. 9. 12.

에어컨과 선풍기

늘 해마다 느끼는 것이다.

더위에 지치고 힘들고 밥 먹기가 싫고 할 때, 입추(立秋)가 지나고 말복(末伏)이 지나고 처서(處暑)가 지났다.

창문에서 솔솔 불어오는 바람이 그렇게 고맙고, 반갑고 새로운 힘이 솟는다.

뚝섬에 살 때는 3층 건물 맨 위에 살았다. 온종일 뜨거운 햇살을 받아서 옥상이 달아올랐다. 그 덕에 더욱더 더웠다. 여름에는 여름을 타서 먹지도 못하고 늘어져서 잠만 잤다. 여름에는 그냥 놀아야만 했다. 가슴이 답답하고 머리가 아프고 해서 에어컨을 틀어야만 했다. 책상 옆에는 선풍기가 돌아가다가 뜨거운 바람이 나오곤 했다.

이사 온 오피스텔은 12층 건물인데 내가 사는 곳은 10층이다. 위에 건물이 2층이나 있어서 덥지 않다. 또한, 창문 옆에 건물이 없어서 바람이 더 잘 들어온다. 이런 집을 얻는 것도 복이다. 정말 이런 구조 때문에 덥지 않은 것인가? 현관문을 열며 창문과 직통으로 바람이 통하기 때문에 선풍기가 필요 없다. 나쁜 사람이 올지도 몰라서 닫아 놓고 산다.

옛날에는 이보다 덜 더웠을까? 그때 그 시절에는 선풍기도 에어컨도 없었다. 어떻게 견디면서 살았을까? 궁금하다. 옛날 사람들을 생각하면서 선풍기도 에어컨도 사용하지 않고 여름을 잘 견디었다. 오전에는 묵주기도와 성경을 읽고 컴퓨터 작업을 하다가 보면 금방 간다. 점심을 먹은 후, 머리 좀 식힐 겸 나가서 하늘도 쳐다보고 사람들도 구경한다. 햇살을 받으면서 비타민 D도 충전시킨다. 걸으면서 폐지를 줍기도 한다. 요즘은 관리 김 씨 아저씨가 묶어 준 수레를 끌고 고물상 먼저 가기 바쁘다. 저녁을 만들어 먹고 강의를 듣고 이것저것 하다가 보면 샤워하고 피곤해서 자기 바쁘다.

'건물 때문인가? 하루가 바빠서 더위를 잊은 것인가?

건강해진 것인가?' 덜 피곤하고 음식도 뭐든지 잘 먹는다. 걷는 것도 2년 전만 해도 이렇게 많이 걷지 못했다. 환경이 바뀌어서 마음가짐이 변한 것인가? 이젠 아무도 도와줄 사람이 없다. 첫째 아프면 안 된다. 이젠 경제활동도 모든 것을 내 능력으로 해결해야 한다. 인간은 적응하기 마련인가 보다.

  올여름은 잘 지냈다는 승리감과 창문에서 들어오는 가을바람에 힘이 나서 모든 것들을 더욱더 열심히 할 것 같다.

  가난하지만 이렇게 생활할 수 있음에 신께 감사한다.

  늘 해마다 느끼는 것처럼 내년 봄에도 감사를 드리고 싶다.

2022. 9. 20. 『수필문학』 2023. 8월호

살인미수

  가을 하늘은 맑고 아름답다.

  장한평역 위에 지하철 엘리베이터를 함께 탄 할아버지가 밑에 엘리베이터에 먼저 가서 타신다. 엘리베이터 문이 열려서 내가 내리려고 하는데, 당연히 다리가 불편한 것을 알면서도 나를 뒤에서 밀고 먼저 나가려고 한다. 결국에 내가 넘어지고 말았다. 다행히 다치지 않았다.

  젊은 게 뒤로 가서 서 있지 않고 먼저 내린 게 괘씸했을까? 아무리 그렇다고 해도 그것은 아니다. 그렇게 했다면 싸움이 나지 않았을 것이다. 내가 그런 것까지 신경을 써야 하는가? 할아버지는 내가 넘어져도 그냥 일어나서 갈 것이라고 생각을 했을 것이다.

  하지만 할아버지가 내리는 것을 막은 후 엎드려서 오른쪽 발목을 두 팔로 꼭 잡고 도망가지 못하게 했다. 엘리베이터에서 난 질질 끌려 나갔다. 사람들이 모여들기 시작했다. 할아버지는 내 머리를 잡아당기고 내 팔을 잡아당기어서 옷이 찢어질 정도였다. 할아버지는 사람들에게 도와달라고 말했다. 사람들은 너무 꽉 잡고 있어서 도와주지 못한다고 했다. 내가 경찰에게 신고해 달라고 큰소리를 몇 번 쳤다. CCTV에 다 있다고 소리쳤다. 어떤 여자가 역무원에게 연락하니, 받지 않아서 결국에 경찰에 신고했다.

  할아버지가 힘들다고 놓아달라고 했다. 나도 힘들다고 소리쳤다. 놓아주면 도망갈 것이라고 소리를 쳤다. 할아버지는 안 도망간다고 했다. 결국에 내가 힘들어서 놓아주니, 지하철이 오는 것을 보고 타려고 해서 사람들이 못 타게 가로막았다. 의자에 앉아서 너 같은 애는 처음 봤다고 하면서 노인에게 그렇게 하지 말라고 한다. 그렇게 살지 말라고 한다. 화가 나서 내 손이 올라갔다. 사람들이 말려서 그냥 참았다.

  경찰 둘이 와서 내 말을 듣고 할아버지가 잘못했다고 미안하다고 사과하라고 하니까 사과했다고 한다. 기가 막했다. 거짓말쟁이. 결국에 미안하다고 사과한다. 그리고 말이 많다. 경찰이 할아버지에게 그만하라고 한다. 경찰에 넘기고 싶었지만 그럼 됐다고 말했다. 그 순간 굵은 눈물이 떨어진다. 할아버지는 왜 우느냐고 당황한 모습이다.

경찰에게 엘리베이터나 지하철을 타면 빨리 못 탄다고 말하고 사람들이 밀어서 넘어지고 노약자석에 앉으면 젊은 것이 앉았다고 일어나라고 해서 너무 힘들다고 장애인도 임산부처럼 둥근 배지를 만들어 달라고 부탁했다.

지하철이 와서 타려고 하는데 긴장하고 신경을 써서 온몸이 경직되고 걸음이 비틀거려서 걸을 수가 없었다. 겨우 경찰들에게 부축을 받아서 탔다. 지하철 2호선을 갈아타려고 걸음을 걷는다. 자꾸 비틀거려서 넘어질 것 같은 몸을 사람들이 다들 쳐다본다. 이렇게 아픈 몸으로 다닌다고 부축해주는 할아버지도 있고 또 어떤 아주머니는 지팡이라도 짚고 다니라고 한다.

뚝섬역에 내려서 걸어오는데 하늘은 맑고 너무나 푸르다. 하늘을 보니 눈물이 나온다. 약자들에게 함부로 하면서 그냥 참기만을 바라는 사람들, 밀어서 머리라도 다치면 그것은 살인미수다. 무심코 하는 행동이 얼마나 무서운 일인지 모르고 있다. 이렇게 살아가는 모습이 너무나 초라하고 세상에서 이렇게 산다는 것이 너무나 싫다.

  할아버지가 저 맑고 푸른 하늘처럼 마음이 예쁘면 좋겠다. 피해자의 분노로 인하여 끔찍한 살인미수가 일어나지 않기를 간절히 바랄 뿐이다.

2022. 10. 2. 『월간문학』 2023. 4월호

냉커피와 이별

요즘은 자꾸 냉커피가 당긴다.

설탕이 달콤하듯이 인생이 달콤하면 얼마나 좋을까? 하는, 설탕 두 티스푼, 피곤을 달래주는 갈색 커피 한 티스푼, 시원한 얼음같이 인생이 잘 풀리면 얼마나 좋을까? 하는 얼음 10개를 넣고 달달하고 시원하게 마신다. 냉커피를 마시는 동안 나만의 작은 카페 스터디가 된다. 이런 공간이 있다는 것도 행복인지도 모른다.

맛도 있지만 피곤하고 졸음이 와서 마시는 경우가 많다. 이전에는 일하고 컴퓨터 공부를 하고, 책을 읽고, 글을 쓰면서 늘 잠이 부족해 하루에 커피를 석 잔이나 마셨다. 또 지치고 힘들 때, 커피 한 잔의 여유가 무척이나 좋았다. 커피가 나에게 삶을 견디게 해 주는 큰 힘이었다. 지금 생각하니, 그때 그 시절을 어떻게 견디어 왔는지 모르겠다. 지금은 그렇게 하고 싶어도 못 한다.

온 힘을 다하여 살아왔지만, 지금도 8시간을 푹 자지 못하고 있다. 느린 몸에 왜 이렇게 할 것이 많은지 모르겠다. 정상인같이 같이 빨리 행동을 못 하고 그만큼 시간이 오래 걸리니, 시간이 많이 필요한 것도 당연하다. 아침에 일어나서 자기까지 조금도 가만히 있지 않는다. 그 덕에 지금의 내가 있는지 모르겠다.

8시간을 자야 면역력에 좋고 살이 찌지 않는다고 한다. 오후 10시 전에 자는 것이 좋다. 스티브 잡스도 하루에 4시간밖에 자지 못하여 면역력이 떨어져서 암으로 젊은 50대 나이에 세상을 떠났다. 잠을 많이 자면 그만큼 덜 먹는다. 커피를 마시면 그 커피를 마신만큼 물을 그 배 이상을 마셔야 한다고 한다. 커피가 수분을 흡수하기 때문이다. 그 반대로 커피를 마신 만큼 물을 그만큼 마시지 않게 된다. 물은 하루에 2리터(L)를 마셔야 몸에 좋다고 한다. 3리터(L)를 마시면 얼굴 피부가 좋아진다고 한다. 물을 많이 마시면 암에 걸리지 않고 노폐물을 배출해 주고 덜 피곤하게 해 준다. 다이어트에도 효과가 있다. 물은 목마르기 전에 조금씩 마셔야 좋다. 물은 미지근한 것이 좋다. 찬물은 혈액순환에 좋지 않다. 설탕도 당뇨병에 좋지 않다. 그리고 보면 좋지 않은 식습관과 생활습관을 가지고 살아왔다.

나이 탓인지 요즘은 푹 자야 견디는데, 아직도 그렇게 못하고 살고 있다. 우선 푹 자야 냉커피와 이별을 할 것 같은데 말이다. 자는 습관을 고치려고 무척 노력하는 중이다. 요즘은 냉커피 한 잔 정도 마신다. 강의를 듣다가도 졸고 토요일은 낮 1시가 넘어서 일어나 아침 겸 점심을 먹는다. 그렇게라도 해야 또 일주일을 견디기 때문이다.

죽을힘을 다하여 열심히 살아왔지만, 아직도 가난하고 갈 길이 멀다. 때로는 너무 피곤하여 이렇게 살다가 죽을 것만 같은 생각을 하게 된다. 살아있는 한 열심히 살아야 하겠지만 말이다. 몸에 좋지 않은 것은 알지만 커피는 나를 견디게 해 주는 고마운 친구다.

이제는 냉커피와 이별을 해야 하는데 쉽지가 않다. 오늘도 냉커피를 마셨건만 아침에 일하면서 또 졸았다. 저녁에는 일찍 자야지 하면서도 밤늦게까지 글을 쓰고 있다. 어쩌면 좋으니 쯧쯧….

늘 견디면서 무슨 정신력으로 버티는 것인지 모르겠다. 냉커피는 시원하고 맛있는데 말이다. 고기를 먹고 커피를 마시면 개운하다.

옛날 사람들은 커피를 마시지 않고 어떻게 살았을까? 궁금하다.

2022. 10. 15. 『수필문학』 2022. 12월호

간판 아저씨

어느 봄날 폐지를 주우면서 가는데 어떤 아저씨가 트럭에서 빵빵한다. 트럭에서 내려 트럭 뒤에 실린 상자들을 내려서 내 수레에 실어 준다. 다음에 또 만났는데 내 수레에 상자들을 가득 실어서 고물상까지 가져다주었다.

어느 토요일 트럭에 상자들을 실은 후 나를 트럭에다 태워서 고물상까지 데려다주고 집까지 데려다주었다. 아저씨는 간판을 설치하는 사람이라고 한다. 간판 작업에서 나오는 상자들이나 길거리에서 상자들을 주워서 할머니 같은 분에게 드린다고 한다. 그런 일을 20년 동안 해왔다고 한다. 옆에 사는 할머니에게 상자들을 드렸는데 열심히 하지 않아서 다른 사람들에게 준다고 한다. 열심히 노력하는 사람에게만 주는 것 같다.

그 후 그 아저씨를 만날 수가 없었다. 나와 시간이 맞지 않아서 만날 수 없는 것 같다. 아마 다른 분에게 그 좋은 일을 하겠지! 봉사도 여러 방법이 있다는 것을 깨달았다.

폐지를 주우면서 여러 사람을 만난다.

나쁜 사람보다 좋은 사람들이 많아서 세상이 돌아가는 것 같다.

2022. 10. 15. 『PEN문학』 2023. 5·6월호

모처럼 문학기행

　모처럼 문학기행을 하게 되었다.

　나남수목원에 오니 공기부터가 다르다. 맑은 공기가 온몸으로 퍼져 들어간다. 일상생활에서 바쁘고 지친 내게 새로운 충전을 해 준다. 맑은 푸른 하늘이 웃고 있다. 나무들이 빨강 옷, 노란 옷들로 갈아입고 각자가 뽐내고 있다. 이런 것들을 구경할 수 있다는 것은 큰 행복이다.

　코로나 3년 동안 그전에는 아파서 문학기행을 할 수가 없었다. 집에만 있으니, 매일 똑같은 생활에 지루하고 답답했다. 어디 좀 가고 싶다는 생각을 했지만, 혼자서 마땅한 곳을 찾아가기도 쉽지가 않았다.

몸이 안 아파서 문학기행을 가는 분들이 참으로 부러웠다. 앞으로는 문학기행을 다닐 수 없을 것으로 생각했다. 다행히 몸이 좋아져서 이렇게 다닐 수 있다는 것에 감사한다. 문학기행에 못 갔을 때, '몸이 아파서 못 다니는 사람들은 얼마나 힘들까?' 하는 생각도 하게 되었다. 아픈 사람들을 모시고 다니는 봉사자가 있었으면 좋겠다는 생각도 해 보았다.

문학기행을 못 다니게 되니, 여행에서 느낀 감정이나 경험들에 대하여 글을 쓸 수 없었다. 그만큼 삶의 폭이 좁아진 것 같다. 건강할 때 많이 느끼고 경험했으면 좋겠다. 건강도 여행도 다 때가 있는 것 같다. 다닐 수 있을 때, 많은 사람이 다녔으면 좋겠다.

점심으로 버섯전골을 참으로 맛있게 먹었다. 이곳에 따라오지 않았으면 맛있는 점심도 못 했을 것이다.

모처럼 문학기행은 또 색다른 느낌들을 주는 좋은 날이었다.

2022. 10. 29.

아쉽지만

　재택근무를 하고 있지만, 그 돈 가지고 한 달 살기가 빠듯하다. 더 벌고 싶은 마음에 폐지를 주웠다. 그렇게 힘들여 모아둔 폐지들을 다른 장애인이 다 가져가고 없다. 화나고 속상하지만 싸우고 싶지도 않다. 그런 데다 오피스텔 입주민들이 폐지를 쌓아두는 것이 지저분해서 싫다고 말들이 많다고 한다. 입주민들이 깨끗하고 쾌적한 환경을 원한다니 개인적인 이익보다 전체를 위해 아쉽지만 포기하기로 했다.

　폐지도 모든 사람이 이해해 주어야 줍는 것이다. 폐지를 줍다가 넘어질 수도 있고 넘어져서 다칠 수도 있다. 그래도 나름대로 보람이 있고 재미있었다. 많은 어려운 사람들을 만나면서 그래도 난 행복하다고 생각했다. 나도 그렇게 착하게 살아야지 마음먹기도 했다. 나쁜 사람보다 좋은 사람들이 더 많아서 세상이 돌아가는 것 같다.

관리인 김 씨 아저씨가 폐지를 모아서 수레에 묶어 주는 것이 고마우면서도 마음이 편안하지 않았다. 상자들을 못 줍는 대신에 지금도 오피스텔에서 나오는 깡통이며 옷이며 소주병과 프라이팬 등을 모아주신다. 정말 고마운 분이다. 그런 분을 만나서 복 받았다.

정말 가난해서 당장 먹고살기 힘들다면 더 서러울 것 같다. 다행히 은행 금리가 올라서 그나마 여유가 생겼다. 그런 면에서 신께 감사한다. 지난날 그나마 열심히 살아왔기에 여유가 있다는 생각에서 살아갈 힘이 생긴다. 다른 사람들은 빚으로 집을 사서 은행 돈을 갚기에 정말 힘든 상태다. 한쪽은 좋아서 웃고 한쪽은 어려워서 울고 있다.

신께서 폐지를 줍는 시간에 공부나 하고 책을 읽고 글을 쓰라고 하시는 것 같다. 또한, 집 근처에 횟집이 있어서 밤에 손님들이 먹고 간 알루미늄 캔 깡통이 나온다. 나만의 비밀 장소다. 그것이라도 주울 수 있으니 감사한 일이다.

다 이해는 하지만, 폐지를 쌓아두었던 빈자리가 내 가슴을 허전하게 한다.

2022. 11. 5. 여울문학회 vol 24 『하늘을 나는 택시』

지옥철

 10월 29일 이태원 참사로 인하여 지하철 혼잡에 신경을 쓰겠다고 뉴스에서 이야기하고 있다. 이태원 참사도 못 막고 있다가 사고가 터지고 난 뒤에 더 큰 피해를 막기 위해 아침, 저녁 출퇴근 시간에 피해를 보지 않게 하겠다고 한다.
 '글쎄 어떻게 막을지?' 궁금하다. 지하철은 낮에도 젊은이, 노인 할 것 없이 자리를 먼저 차지하기 위하여 밀고 타기 바쁘다. 거기에는 다리가 불편한 장애인도 있을 것이다. 다리에 힘이 없어 조금만 건드려도 넘어진다. 사람들은 장애인이 탈 것이라고는 아예 생각도 못 한다. 그런 곳에서 또한, 소외를 당한다. 요즘은 밀어서 넘어져도 미안하다는 말을 하지 않는 사람도 있다. 아무리 바빠도 밀지는 말아야 한다.

 옛날 쌍문역까지 직장을 다녔다. 지하철에서 내리다가 밀려 넘어져서 손바닥에 아주 크게 피멍이 든 적이 있다. 또한, 컴퓨터를 배우러 다닐 때도 아침에 뚝섬역에서 지하철을 기다렸는데 한참 동안 오지 않았다. 사람이 많았지만 지각할 것 같아서 지하철을 탔는데 건대역에서 사람들이 밀고 나가는 바람에 끌려 나가서 지하철 문 사이에 넘어지면서 오른쪽 다리가 끼었다. 지하철이 그냥 가면 내 발목이 나가는 것이었다. 사람들이 모여들어서 지하철을 못 가게 하고 내 다리를 빼내 주어서 지하철을 탔는데, 그때야 자리를 양보해 주는 것이었다. 놀라서 눈물이 나오고 그날, 컴퓨터를 배우는데 머릿속에 하나도 들어오지 않고 밤새 밤잠을 못 잤다.

 내가 앞에 가는데, 노인네들이 비껴가지 않고 나를 밀거나 비키라고 툭 친다. 옆으로 돌아서 가면 되는데 꼭 그렇게 해야 하는지? 지하철에서 엘리베이터에서 사람들 다 타고 있는 동안에 기다렸다가 나중에 타는데 빨리 못 탄다고, 가르쳐야 한다고 어떤 아주머니가 말한다. 몸이 불편하면 생각도 못 하는 바보라고 생각하는지 한 사람 바보 만드는 것은 쉬운 일이다. 말 같지 않아서 그냥 넘어간다. 오고 가면서 이상하게 쳐다보거나 남의 사생활을 궁금해서 물어본다. 이런 것들이 나에게 위험하고 상처가 된다. 요즘은 화살기도를 하면서 오고 간다. 주님 저를 도와주세요. 저를 스쳐 가는 사람들에게 축복을 주소서. 오늘도 아무 일 없게 하루를 잘 보낼 수 있도록 참고 견딜 수 있는 지혜와 용기를 주소서 하고 기도한다. 지하철을 타고 다니면 늘 긴장과 사람들 눈치를 봐야 한다. 지하철이 아니고 정말 나에게는 지옥철이다.

장애인을 겉모습만 보고 함부로 판단하지 말아야 한다. 사실적인 이야기가 아니면 말을 하지 말아야 한다. 그것은 다른 사람에게도 마찬가지다. 절대로 밀거나 치지 말아야 한다. 가능한 뛰지 말아야 한다. 난 미리 집에서 나와서 사람이 많을 때, 지하철을 타지 않는다. 되도록 구석으로 다닌다. 계단을 다닐 때도 봉을 잡고 다닌다. 조금씩 이해와 배려가 있으면 아름다운 세상이 될 것이다.

이태원 참사도 못 막고 서로가 책임을 회피하고 있으면서 지하철 출퇴근을 어떻게 돕는다는 말인가? 비장애인들도 힘들데, 장애인은 말할 것도 없다. 가장 약한 사람들이 먼저 도움을 받아야 하는데 비장애인들도 힘든 사고들을 못 막고 있다. 참으로 안타까운 일이다. 서로가 조심하고 순간순간 깊이 생각하고 행동을 해야 할 것이다.
 다시는 이런 무서운 일들이 없어야 한다.

2022. 11. 19.

부엉이 가방

네가 있어서 편했다.

컴퓨터를 함께 배우던 친구가 선물로 사준 부엉이 가방이다. 부엉이는 부를 상징한다고 한다. 작은 손가방이다. 지갑과 핸드폰과 작은 책을 넣어서 가지고 다니기가 딱 좋았다.

나에겐 어깨에 메고 다니는 가방이 흘러내려서 귀찮고 불편하다. 양쪽으로 뒤에 메고 다니는 가방은 크고 물건을 넣고 꺼낼 때도 불편하다. 어디 갈 때는 간단한 작은 손가방이 좋다. 사용하기 편해서 그 가방만 가지고 다녔다. 거의 10년 가까이 함께 한 친구다. 가방이 편해서 아는 사람들에게 선물을 해 주었다.

  지퍼가 고장이 나고 손잡이가 낡아서 해지고 때가 끼어서 지워지지 않는 부분도 생겼다. 이제는 그 친구와 이별을 해야 할 것 같다. 똑같은 것을 인터넷 쇼핑몰을 찾아보았지만 아무리 찾아보아도 없다. 비슷한 가방도 보이지 않는다. 처음 선물 받았을 무렵에 한 개 더 사 놓았더라면 좋았을 것을, 후회도 해 본다. 세상에 10년 이상 가는 물건들이 드물다.

  가방을 만들고 싶어서 코바늘뜨기 유튜브 동영상을 보며 재미있어 보여서 엄마 집에 있는 실과 코바늘을 가지고 와서 막상 해 보니, 불편한 손으로 하기 쉽지 않다. 손만이라도 불편하지 않으면 가방이며 카드지갑 등등, 만들고 싶은 것들도 많다. 아이디어만 좋으면 재봉틀이나 뜨개질을 사용하여 사업을 하고 싶기도 하다. 특히 몸이 불편하다 보니, 장애인들에게 어떤 물건들이 편안한지 알게 된다. 그런 것들을 만들어 팔면 좋을 것 같기도 하다. 그저 마음뿐이다.

  네가 있어서 정말 좋았는데, 너 같은 친구가 없구나. 아쉽기만 하네.

2022. 11. 28.

얼굴의 비밀

 어떤 아저씨를 가끔 만난다. 폐지를 주울 때 도와주는 아저씨다. 자기는 7년 동안 폐지를 주웠다고 한다. 가끔 만날 때마다 도와주고 간다. 자기는 친구들이 좋은 직장에 다니는 것이 부러웠다고 한다. 친구들에게 무시당하는 것이 싫었다고 한다.
 '그 아저씨는 왜 폐지를 주웠을까? 왜 취직을 못 했을까? 왜 나를 도와주지? 사업하다가 망했나?' 여러 가지 궁금증이 생긴다. 보기에는 밝고 예의가 바른 아저씨다. 음악을 좋아하고 책을 좋아한다. 내 책을 반복해서 외울 정도로 읽었다고 한다.

코로나가 좀 잠잠해져서 마스크를 벗고 다니게 되었다. 아저씨 오른쪽 볼이 이가 아프거나 할 때 부어있는 것처럼 튀어나왔다. 그 얼굴 때문에 취직 면접을 볼 때마다 떨어졌다고 한다. 얼굴 때문에 가족들에게 상처도 많이 받았다고 한다. 무시당하고 멸시당하고 정말 살고 싶지 않았다고 한다. 사실 나도 그랬다. 아파보지 못한 사람은 때로는 가족마저 이해 못 한다. 그럴 때 죽고 싶을 정도로 외로움에 떨었다. 그나마 결혼도 못 할 것 같았는데 좋은 여자를 만나서 살게 되었다고 한다. 그 아내가 자기에게 힘과 용기와 지지를 해주어서 큰 힘이 되었다고 한다. 아내와 대학에서 피아노를 전공하는 딸과 함께 산다고 한다. 폐지를 7년 동안 주웠는데 경쟁이 심하고 매일 싸우는 것이 싫어서 그만두었다고 한다. 오전에는 아르바이트하고 오후에는 쓰레기를 분리해서 수거하는 곳에 일하러 가는 시간에 가끔 만났다. 사람들이 분리수거를 잘 안 해서 스트레스를 받아 소화가 안 된다고 한다.

　세상에 정말 쉬운 일이 없다. 얼굴이 좀 이상하다는 것만으로 아저씨도 힘들게 살아왔구나! 얼굴이 좀 이상하다고 하여 일하는 것에는 아무 지장이 없는데 말이다. 조금 이상하다고 이토톡 아프고 힘들게 살아야 했던가?

나도 비장애인이라면 다른 사람들처럼 젊어서 고생하여 기반을 잡아 편안하게 살겠지. 몸이 자유롭다면 폐지를 줍지 않고 더 편안하게 다른 일 하여 돈을 많이 벌겠지. 지금 하는 재택근무를 그만두면 당장 살기 힘든 상태다. 있는 힘을 다하여 열심히 살아왔지만 앞으로 어떻게 살지 걱정이다. 지금 움직일 수 있는 한 조금이라도 더 벌고 싶다. 지금 난 시간을 쪼개어 최선을 다하며 살고 있다. 아무리 컴퓨터 자격증을 가진 고급 인력이라 하지만, 이 세상에서 장애인을 동동하게 받아주지 않는다. 평생을 그렇게 살았다. 뒤늦게 취업해서 다행이지만, 돈을 더 벌 수 있는 유일한 일은 폐지를 줍는 것이다.

요즘 폐지를 줍는 분들은 할아버지, 할머니, 장애인, 몸이 아파서 병원에 다니지만 먹고 살기 위해서 줍는 분, 남편이 아파서 나온 부인, 39세 장애인 아들을 가진 어머니 등이다. 사회에서 인정받지 못하는 사각지대 사람들이 아침부터 저녁까지 열심히 일한다. 그분들에게 박수를 보내고 있다. 열심히 살려고 노력하는 사람에게 더 도와주고 싶은 것이 인간의 양심이다. 나도 그 속에 끼어서 아주 잠깐씩 줍는다. 그 속에서 나도 모르게 고개가 숙어진다.

아저씨는 나를 보면 그냥 못 가고 도와주고, 농담을 걸거나 나를 웃기기도 한다. 그 모습을 보고 폐지를 줍는 다른 할머니가 남자 조심하라는 충고도 했다. 나도 그렇게 철없는 사람이 아니지만 그런 할머니들이 많아졌으면 좋겠다. 가끔 만나는 아저씨와 언제까지 만날지 모르는 일이지만 그렇게 주어진 환경에서 각자 열심히 살 뿐이다.

왠지 맑게 웃고 있는 하늘이 미워진다. 이 심보는 뭐지!

2022. 11. 30. 여울문학회 vol 24 『하늘을 나는 택시』

위대한 탄생

　순교는 고백이며 사랑이라는 말이 가슴 깊이 남는다.
　모방 신부님에게서 세례를 받은 후, 모방 신부는 김대건에게 신부가 될 것을 권하면서 신부가 되길 원하는 것은 성령의 뜻이라고 말한다. 그 말을 듣는 순간 김대건은 가슴이 뜨거워지는 것을 느낀다. 그 모습을 본 부모님은 만족을 느끼면서 아버지는 한국에 신부가 생긴다는 말을 듣고 기뻐한다.
　나라 안팎으로 외세의 침략이 계속되고 아편전쟁이 끝나지 않은 시기다. 신학생 동기 최양업과 최방제와 함께 유학길을 떠난다. 험난한 눈길과 바다의 폭풍과 비바람을 견디면서 9년이라는 공부를 마치고 돌아온다. '그 험난한 길을 어떻게 견디었을까?' 성령의 힘이었을 것이다.

  그때 시절에 내가 태어났으면 그냥 나라가 시키는 대로 모범생으로 살았을 것이다. 그 시기에 태어나 봐야 알 수 있지만 말이다. 신부가 되어서 조선으로 돌아와 보니, 아버지는 순교를 당하셨다는 말에 얼마나 아팠을까?

  포졸들이 오는 것을 보고 다른 교우들을 먼저 떠나보내고 그냥 자수하여 붙잡힌다. 관청에 가서 있는 사실대로 말한다. 영어 글씨를 보면서 글씨체가 다르다는 것을 보면서 혼자 쓴 글씨라는 것을 보고 놀란다. 아까운 인재라는 것을 알면서도 살리지 못한다. 죽음이 가까이 다가오는데도 그냥 일상처럼 행동하는 것이 놀랍다.

  관리들은 김대건 신부님을 최대한으로 존중해 준다. 그런 실력과 성품이 감동적이다. 믿음은 죽음과도 바꿀 수 있는 것이다. 신부님이 된 지 1년이라는 짧은 삶을 마친다. 공부와 험난한 노력에 비해 삶이 너무나 짧다는 것이 아쉬움으로 남는다. 칼에 목이 잘려 떨어지고 피가 땅으로 퍼져나가는 모습에 가슴이 뭉클했다. 그 모습을 보고 있는 어머니는 성모님이 아들이 십자가에 못 박혀 돌아가시는 모습과 겹쳐진다.

그렇게 순교한 분들이 있기에 지금의 내가 있고 천주교 신자가 될 수 있었다. 김대건 신부님이 말씀하신 순교가 고백이고 사랑이라는 말에 나 자신을 반성해 본다. 사실 천주교 신자이면서도 그렇게 착하게 살지 못했다. 지난날들을 생각해 보니 잘못한 것들이 너무나 많다.

지금은 순교할 일이 없을지 모르지만, 누군가 욕을 하거나 잘못했을 때, 그런 것들을 묵묵히 참고 견디는 것이 지금의 순교라고 어떤 신부님이 말씀하셨다고 하신다. 난 요즘 그것을 지키려고 무척이나 노력 중이다.

또한, 김대건 신부님으로 인해 조선 근대의 길을 열어젖히게 되었다. 아무튼, 큰 인물이었다.

김대건 신부님을 닮기는 어렵지만 겸손하게 있는 듯이 없는 듯이 조용히 살고 싶다.

2022. 12. 5. 『문학공간』 398호 2023. 1월호.

산세베리아

아이가 나를 보고 초라한 모습으로 빙그레 웃고 있다.

오피스텔 분리수거 앞에 아이가 굶주림과 추위에 덜덜 떨고 있다. 키우지 못할 것 같으면 입양이라도 보내지, 물을 주지 않아서 줄기 끝이 말라서 잘려 나가고 없다. 장애가 된 것과 사람에게 미움을 받은 것이 나와 많이 닮았다.

이제는 식물도 키우다가 싫으면 그냥 버리는 쓰레기로 생각한다는 것에 마음이 아프다.

얼른 따스한 오피스텔로 가지고 와서 테이블에 놓아두고 물을 흠뻑 주었다. 맛있다고 좋아한다.

테이블 위에 놓아두고 식사할 때마다, 그 아이를 살핀

다. 나날이 갈수록 생기가 생기고 연한 새로운 줄기들이 솟아오르고 있다. 그래, 무럭무럭 자라서 아프게 잘려 나간 상처를 가려주렴.

밥을 먹으면서 그 아이와 눈을 맞추며 고맙다고 환하게 웃는다.

나에게 또 새로운 친구가 생겼다.

화분 하나도 그런데 버려진 아이가 떠올라 코끝이 찡하다.

2023. 2. 3.

눈(雪)

  이젠 쌓인 눈을 볼 수가 없다.

  어릴 때 눈이 오면 온 세상이 하얀 게 눈이 부셨다. 아이들이 나와서 눈싸움하고, 눈사람을 만들고, 썰매를 타고, 강아지들도 덩달아 나와서 눈 위가 좋다고 뛰어다녔다.

  눈이 오면 나갈 생각도 못 했다.

  이젠 눈이 와도 걱정이 없다. 염화칼슘을 뿌려서 바닥에 촉촉하게 비가 온 것처럼 물기가 있다. 그냥 비가 온 것보다 염화칼슘을 뿌려서 차가 더 미끄러워서 위험하다고 한다. 차에 묻으면 차가 부식된다고 한다. 사람의 피부에 닿으면 염증을 일으킬 수 있다. 몸이나 다른 물건들에 닿으면 깨끗이 씻어주어야 한다. 동물들이 먹으면 위궤양을 일으킨다. 식물도 묻으면 죽어간다.

눈이 와도 미끄럽지 않아서 다니기 좋다고 하지만, 그만큼 모든 것이 위험하고 나쁜 점이 많다. 편안한 것이 더 지구를 오염시키고 있다.

발전이 더 모든 것들을 병들게 한다.

아이들이 쌓인 눈에서 놀고 있는 모습들을 볼 수가 없어서 추억이 사라졌다.

발전이 꼭 좋은 것만은 아니다.

때로는 불편함이 더 유익한 것이다.

2023. 2. 13.

아버지의 인생

참으로 안타깝고 불쌍한 나의 아버지시다.

할머니(어머니)가 아버지 3살 때 돌아가셨다. 할머니 얼굴을 한 번도 볼 수가 없었다. 식구들이 일하러 다 나가고 없으면 혼자 동네를 돌아다니다가 논두렁에 잠이 들곤 하였다. 그 어린 나이에 사랑을 받지 못하고 자랐다. 그래서 자기 자신밖에 모른다. 집에서도 아버지 주장만 내세워서 특히 어머니와 난 힘들었다.

할아버지(아버지)마저 아버지 16살에 돌아가셨다. 군대에 갈 때 피해 다니다가 늦게 군대 생활을 했다. 왜 군대 생활을 피했을까? '얼른 군대 생활을 하고 돌아와서 직장을 구하지?' 군대 제대를 하고 갈아입을 옷이 없고 먹을 것이 없어서 사흘 동안 굶고 다녔다고 한다.

옆에 누군가 있어서 공부라도 권했으면 좋았을 것이다. 야학이라도 다녔으면 그때, 남들은 독일에 가서 돈을 벌었다고 하는데, 그런 쪽으로 눈을 돌렸으면 아버지의 인생이 달라졌을 것 같다. 말과 행동을 보면 보통 머리는 아니시다. 그 머리로 공부를 했으면 한 인물을 하였을 것이다. 아버지를 보면서 환경이 얼마나 중요한지 또 느낀다.

가난과 굶주림으로 그때는 직장을 구하기 힘들었다고 한다. 공장의 직공이 되어서 이곳저곳 공장 생활을 하다가 벽지공장에서 밤낮으로 주말도 없이 20년 넘게 일을 하였다. 그렇게 젊은 시절을 다 보내셨다. 젊어서 굶주림으로 속병을 자주 앓았다. 남들은 저녁이면 라면을 사다가 먹고 극장 구경하러 가고 하였는데, 돈이 아까워서 저축과 일만 하였다. 한 달 월급을 타면 한 달 동안 먹을 쌀과 간장 한 병을 사서 그것으로 견디셨다고 한다.

어머니를 만나서 결혼을 하여 사 년 만에 집을 사셨다. 첫딸을 낳았는데 장애인으로 태어나서 부모님의 삶에 발목을 잡았다. 딸 때문에 더 절약하고 죽을힘을 다하여 사셨다. 그것이 부모님에게 아픈 손가락이자 가슴에 가장 큰 아픈 상처였다. 밑으로 남동생 둘, 그렇게 삼매를 낳아서 키우셨다. 할아버지는 아버지에게 절대로 아내를 두고 바람은 피지 말라고 하셨다. 그 말씀을 받아들이면서 내 자식만은 굶기지 않겠다고 성실히 살아오셨다.

어디 갔다가 오셔도 끼니가 지나도 집에 와서 꼭 식사하셨다. 그러면 어머니는 귀찮아하셨다. 친구들도 커피값이 아깝다고 만나지 않으셨다. 집에만 있지 않고 취미 생활을 하고 사람들을 만나고 활동을 했으면 빨리 아프지 않았을 것 같다. TV와 리모컨의 친구가 되어서 생활하셨다.

어쩌면 아버지의 살아온 모습이 거울이 되어서 내가 좌절하지 않고 살아가고 있는지도 모른다. 우리 집에는 남매들이 다 성실하다.

결국에 아버지의 인생은 없으셨다. 가장이라는 책임감으로 살아온 아버지, 그 당당하던 모습과 열정은 간 곳이 없고 아이같이 순진한 양이 되어서 콧줄을 끼고 누워만 계신다.

그런 아버지를 보면서 가슴이 너무나 아프다.

간절히 회복되길 수없이 기도한다.

2023. 3. 25.

4

상상의 날개

엄마의 외출

 늘 집에만 있기를 바라시던 아버지는 엄마를 밖에 출입을 못 하게 하고 살림만 하게 하셨다. 그런 엄마를 보면 마음이 아팠다. 엄마도 배우고 싶은 것, 하고 싶은 것도 많았을 것이다. 물건 하나도 마음대로 사지 못하였다.
 아버지께서 아프셔서 요양병원에 계시고 엄마는 암 투병으로 항암치료를 하여 손발이 저린데 5년이나 지속된다고 하신다. 늘 아버지 걱정과 집에만 있는 것이 싫었다.
 성당 친구 프란치스카에게 이런 이야기를 하였더니, 남산 언덕에 있는 모현호스피스에서 수녀님 6분이 걸어 다닐 수 있는 암 환자들을 한 달에 한 번 초대를 한다고 한다. 그곳에서 암 환자들과 이야기를 나누고 점심을 먹고 조명기구나 초를 만들어 각자 가지고 집에 온다고 한다.

 아침 10시 평일 미사를 참례하고 성당에 어떤 할머니와 아저씨, 엄마와 난 프란치스카 자가용을 타고 개나리가 만발한 꽃들을 구경하면서 달렸다. 환자들과 인사를 나누고 이런저런 이야기꽃들이 피어나는 동안 수녀님들이 점심을 준비해 주셔서 깔끔하고 담백한 음식들을 맛있게 먹었다. 차를 마시면서 수다들을 떠는 동안에 원예치료 선생님이 카랑코꽃들과 무늬 아이비를 가지고 오셨다. 다양한 색깔들의 꽃들과 무늬아이비를 각자에게 나누어 주셨다.

 엄마는 카랑코꽃을 가지고 싶었다고 하신다. 난 무늬아이비를 가지고 싶었다. 저희 마음을 아시고 준비하셨는지 놀랍기만 하다. 그것은 신이 주신 아주 소중한 선물이었다. 하얀 화분에 엄마는 진분홍색 꽃과 무늬아이비를, 난 노란색 꽃과 무늬아이비를 함께 심었다. 화분에 '감사하고 사랑합니다.'라는 표지판을 꽂고 빨강 버섯까지 꽂았다. 각자 정원 이름을 지어서 정원 이름과 각자 이름을 쓰고 예쁜 마른 꽃잎들을 장식하여 액자들을 만들었다. 덤으로 간식으로 롤 케이크와 요플레까지 맛있게 먹었다.

 다른 사람들은 다 가고 우리 성당 교우들만 남아서 장

애인 콜택시를 기다리는 동안에 수녀님은 엄마 난소암은 재발이 잘 되는 암이기 때문에 특히 건강을 잘 챙겨야 한다고 하신다. 아버지는 요양병원에 맡기라고 하신다. 엄마 건강과 딸을 위해서는 그렇게 해야 한다고 하신다. 아버지는 하루빨리 집으로 오고 싶어 하시는데, 엄마에게 너무나 큰 무리라고 하신다. 이런저런 수녀님 경험들을 들으면서 어떻게 해야 할지 걱정이다. 마음이 너무나 무거워진다. 지금은 간절한 기도밖에 없다.

  어머니는 집에 와서도 맛있는 식사와 간식을 먹고 사람들 만나고 아름다운 꽃까지 가져왔다고 무척이나 좋아하신다. 아버지가 오시면 성당에 예비자 교리도 못 받고 그곳에도 못 가고 엄마에게 자유가 없어지는데, 아버지는 집에 오시는 날만 기다리고 있으니, 이러지도 저러지도 못한다. '주님 어떻게 해야 해요?' 엄마도 아빠도 모두 소중하다. 부모님께 내가 바로 이런 존재였음을 **뼈아프게** 생각하게 한다.

2023. 4. 4.

없어져 간다

하나둘 없어져 간다.

도매화장품 가게가 있었다. 계단이 없고 기초화장품을 싸게 살 수 있었다. 어느 날 화장품을 사러 가니, 가게가 텅 비어 있었다. 몇 년이 흘러서 지금은 새 건물이 들어서 있다. 그리고 동네에 가톨릭 선물 방이 있었다. 집과 가깝고 미사 책이며 묵주 등을 살 수 있었다. 가겟세가 비싸서 지방으로 이사를 한 것 같다. 홈플러스에 갔는데 진열장에 진열된 물건들이 거의 없었다. 계산대 아주머니에게 물어보니 보증금을 올려달라고 해서 문을 닫게 되었다고 한다. 집에서 가깝고 계단이 없어서 좋았다. 그 직원들은 어디로 갈까? 내 일이 아니지만, 은근히 걱정된다. 홈플러스는 아직 새로운 점포가 들어오지 않고 있다. 건물값이 비싸서 들어오지 않는 것일까? 그 후 안동시 농축특산물 직거래 장터 가게를 내기 위해서 그 건물을 샀다고 했는데, 몇 달이 가도 가게는 비어있다.

몇 년 전부터 이마트가 없어진다는 말은 들었다. 없어져서 아쉽기만 하다. 성수 이마트에 냉동 블루베리를 사러 갔는데 없다. 또한, 진열장에 진열된 물건들이 거의 없다. 문을 닫는다고 한다. 다른 업체가 들어와서 이 큰 건물들을 다 헐고 다시 짓는다고 한다. 건물을 헐면 그 헐어버린 건물 자재들은 어디에 버릴까? 그것은 환경오염을 시키는 원인이 된다. 물론 왕십리점도 있지만, 지하철을 타고 다니기가 싫다. 네발자전거를 타고 가서 물건을 사서 자전거에 싣고 오기 참으로 좋았다.

요즘은 인터넷이나 스마트폰으로 주문을 하므로 매장에 사람들이 많이 가지 않는다. 어르신들은 인터넷이나 스마트폰을 활용하지 못하기 때문에 직접 매장에 가서 산다. 그렇게 못하는 것에 소외감과 차별을 느낄 것이다. 물건을 주문하면 집안에서 가만히 받을 수 있어서 정말 편안한 세상이다. 플랫폼이 발달하여 상점과 구매자를 연결하여

배달된다. 한편으로는 그만큼 많은 일자리가 사라지고 있어서 안타까운 일이다.

  나도 역시 직접 가서 물건들을 보고 사는 것이 좋다. 이마트 인터넷몰은 사만 원 이상 주문을 해야 택배비 삼천 원을 안 낸다. 물가가 비싸서 몇 개 사면 금방 사만 원이 넘는다. 때로 한두 가지가 필요할 때는 삼천 원을 주고 주문하기가 아깝다. 사실 그곳에 가는 시간과 자가용을 끌고 가는 것이면 삼천 원이 아깝지 않을지도 모르지만….

  이젠 자전거를 타고 싱싱 달려가서 물건을 사는 일이 없게 되었다. 어쩔 수 없이 인터넷으로 가득 주문하고 말았다. 편안하기 하지만 사람 살아가는 재미가 없어진 것 같다. 앞으로는 점점 집안에서 모든 일이 해결될 것 같다.

  꼭 좋은 일만은 아닌 것 같다.

2023. 5. 21.

옥상 텃밭

요즘 아침, 저녁으로 물을 준다. 물을 주고 올라가서 오이를 따다가 그만 열무에 넘어져서 열무들이 다 뭉크러지고 말았다. 몸이 자유롭지 못한 나로는 텃밭을 가꾸기에는 힘든 것 같다.

넓은 옥상에 아버지가 직접 흙을 져다 올려서 만든 텃밭이다. 오이, 고추, 상추, 토마토 등등을 심으셨다.

아버지는 큰 탱크를 만들어 모터를 달아서 빗물을 받아서 물을 주셨다.

항상 두 분께서 번갈아 가면서 물을 주고 보살펴 키우셨다. 그 덕에 싱싱한 무공해 채소들을 먹을 수 있었다.

두 분이 다 아프셔서 병원에 입원해서 아무도 보살펴 줄 사람이 없다. 매일 아침저녁으로 물을 주면서 부모님이 부지런함과 정성과 애정이 어린 눈으로 키우시던 텃밭을 생각하니, 마음이 아프다. 멀지 않아 이 텃밭을 키우기 힘들 것 같다.

어머니가 좀 좋아지셔서 다행이다.

요즘은 어머니를 도와서 함께 텃밭을 가꾸고 있다.

아는 분들이 오시면 상추며, 오이, 가지 등을 따서 나누어 주신다.

세월 따라 영원한 것은 없는 것 같다.

2023. 7. 5.

교육이 망가지고 있다

　요즘 교사들 자살로 시끄럽다. 또한, 학생 폭력으로 왕따로 자살하는 학생도 많고 유치원이나 유아원은 선생이 아이들 폭력으로 꽤 시끄럽다. 어쩌다 우리나라가 그렇게 되었는지 참으로 마음 아픈 일이다.

　옛날에는 선생님 그림자도 밟지 않았다고 한다. 또한, 선생님 똥은 개도 먹지 않는다는 말이 있다. 그만큼 선생님 속이 탄다는 것이다. 옛날에는 먹고 살기가 바빠서 아이들을 학교에 보내며 모든 것을 선생님에게 맡겼다. 아이들이 선생님에게 혼나고 오면 무엇을 잘못했기에 그러냐고 또 부모님께 혼났다.

지금은 선생님이 조금만 혼을 내도 학생 어머니가 와서 큰소리를 친다. 얼마나 힘들었으면 선생님들이 자살할까? 부모가 모범을 보여야 하는데 말이다. 아이를 적게 낳아서 이기주의가 되었을까? 그런 것을 생각하면 나의 지난날들이 떠오른다.

컴퓨터를 배우고 나서 봉사로 2006년부터 2008년까지 장애인들과 식구들을 위하여 컴퓨터 보조강사를 하였다. 선생님이 앞에서 설명할 때 못 따라오는 학생들을 도와주고 쉬는 시간에도 따라오지 못하는 학생들을 내 몸과 마음을 다해 가르쳤다. 쉬는 시간에 좀 쉬고 싶은데, 커피까지 타 달라고 한다. 결국에 온종일 서 있어서 다리에 무리가 와서 병원까지 다녔다.

아무리 나이가 많다고 하지만 나에게 반말하는 학생이 있는가 하면, 너 밥할 수 있어? 언제 점심 준비를 해 와 봐, 하면 속으로 '웃기고 있네!' 하며 무시했다. 또는 가진 것 없는데, 허송세월하면서 학생들만 가르친다고 한소리 한다. 그때 나는 몇천만 원 정도 가지고 있었다. 그밖에 말도 되지 않는 대접을 수없이 받았다. 취업 준비를 안 한다고 배우는 학생이 충고한다. 지금 당장 취업을 할 수 있으면 나도 취업을 하지, 자기들은 취업을 하지 않고 1년에

다 배울 것을 몇 년씩 끌고 있으면서 말이 많다. 그런 것이 나에게 상처로 다가온다.

어느 날 야외로 소풍하였는데, 점심을 먹고 술을 마시고 선생들에게 욕을 하고 버스 안에서 불편한 몸으로 술에 취해 뒹굴고 난리가 아니었다. 그런 것들을 보고 상처를 받아서 집에 와서 장염으로 병원까지 실려 갔다. 결국에 학생들에게 상처를 받고 싸우고 그만 뛰쳐나왔다. 온 마음과 육체가 만신창이가 되어있었다. 상처가 너무나 커서 그 시간에 책이나 많이 읽을 것을 하고 후회도 했다. 그때 이미 이 세상이 개인주의라는 것을 아주 크게 깨달았다.

지금 모든 것이 학교 선생님들에 대한 존경심과 학생들 인격 존중과 예절도 거의 망가지고 있다. 공부밖에 모르는 학생들, 또는 외우는 공부 방식으로 판단력과 창의력이 없어지고 있다. 앞으로 이 나라가 어떻게 될지 참으로 걱정이다. 이 나라뿐 아니라 세계 나라들과 경제나 과학 등으로 싸워야 한다. 정말 마음 아픈 일이다. 남을 이해할 줄 모르는 사람으로 자라는 사람도 많아지고 있다.

어쩌다가 예절은 사라지고 교육이 망가지고 있다. 이런 일은 쉽게 극복이 되지 않을 것 같아서 앞날이 막막하다.

2023. 9. 18.

상상의 날개

 운전면허증을 취득하면 어머니께서 차를 사 주신다고 한다. 아이 좋아라!
 아버지는 차를 팔고 요양병원에 계신다. 어머니는 허리가 아프셔서 걸음을 잘 못 걸어 다니신다. 요양병원에 갈 때도, 성당에 갈 때도 차가 필요하다. 운전을 배워서 어머니와 함께 씽씽 달리고 싶다. 봄이면 꽃 구경 다니고, 가을이면 단풍 구경 가고 싶다. 가끔씩 차를 끌고 공원이나 야외로 나가고 분위기 있는 카페에 가서 케이크와 차도 마시면서 즐기고 싶다. 어머니는 네가 빨리 운전을 배워서 나 좀 데리고 다니라고 한다. 운전할 생각을 하니, 기분이 좋아지고 둥둥 떠다니는 풍선이 되었다.

하지만 막냇동생과 친구는 반대라고 한다. 사고가 나면 집안 망한다고 한다. 그냥 택시를 타고 다니라고 한다. 결국에 풍선이 터지고 말았다. 그 순간 나의 상상의 날개는 접히고 말았다.

사실 운전이 무섭다. 그래서 운전 배우는 것을 미루고 있었다. 내가 조심만 한다고 사고가 안 난다고 보장을 할 수 없다. 친구 말에 의하면 한 달에 운영비가 70만 원이 들어간다고 한다. 나에게 그런 여윳돈도 없다. 나에게 운전을 할 수 있는 여유가 있었다면 이렇게 힘들게 걸어 다니지도 않고, 오고 가면서 장애인이라는 차별과 모욕을 당하지 않고 눈물과 고통으로 괴로워하지도 않았을 것이다.

잠시나마 꿈의 날개를 펴서 마음이나마 자유롭게 다닌 것이 참으로 행복했다.

그래 이렇게 살아가는 지금이 나에게 최고의 방법이고 나의 수준에 맞게 사는 것이 잘하는 일인지도 모른다. 택시가 필요하면 망설이지 말고 이용하며 사는 거다.

2023. 9. 24.

천사들

사람들은 살아가면서 수많은 유혹과 죄를 짓고 살아간다.

살아가면서 더욱더 올바르고 열심히 살아갈 때, 사탄과 악령은 시기와 질투로 더 괴롭힌다. 악마들이 괴롭힐 때, 때로는 맞서 싸우기도 했다. 맞서 싸우는 것은 정말 미련한 짓이다. 우선 피하는 것이 제일 현명하다. 악마는 우리가 생각하는 것보다 더 무섭고 질긴 놈이다.

나 같은 경우에는 아무도 건들지 않으면 죄를 짓지 않고 살 것 같다. 아픈 어머니를 위한 집안 살림을 하고 장을 보고 직장 일을 하고 매일 어머니와 함께 기도하는 것이 시기와 질투로 나를 또 괴롭힌다. 어느 날 성당에 자전거를 타고 가는데, 나보고 사팔뜨기라고 어떤 남자가 놀린다. 그날 피곤하고 몸이 좋지 않아서 눈이 돌아가는가 보다. 다행히 지나가는 경찰이 있어서 그곳에서 해방되었다. 겉모습만 보고 자기들보다 못하다고 빈정거리는 사람들이 많다. 잘 알지도 못하면서 함부로 판단하고 결정하고 왜 나에게 상처를 주는 말들을 하는지 모르겠다. 그런 대접을 받는 것이 정말 죽기보다 싫다. '그렇게 무시하고 놀리며 그 사람은 마음이 좀 편안할까?'

친구에게 그런 이야기를 하였더니, 착하고 올바르게 살아가는 것이 시기와 질투로 악마가 괴롭힌 것이라고 하면서 성 미카엘 대천사 기도를 가르쳐 주었다. 미카엘 천사는 사탄과 악령을 지옥으로 쫓는 힘을 가졌다. 그리고 성수를 자주 뿌리라고 가르쳐 주었다. 악마가 성수에 불이 붙어서 탄다고 했다. 요즘 그렇게 무장을 하니, 덜 괴로움 당하는 것 같다.

천사는 선을 이끌고 악으로 떨어지지 못하게 하는 힘이 있다. 즉 하느님과 사람 사이의 중계 역할을 한다. 또한, 각자 사람에게 수호천사가 있다. 수호천사에게 도움을 청하는 것도 지혜이다. 사람이 죽어서 지옥으로 떨어지면 수

호천사는 사라진다. 날개가 6개 달린 루치펠 천사는 하느님을 거역하여 지옥으로 떨어졌다.

라파엘 천사는 아픈 사람을 치료하고 의료인을 도와주고 시각 장애인을 도와주는 천사다. 가브리엘 천사는 힘이 강한 천사다. 성모 마리아님께 예수님을 잉태한 것을 알려준 천사다. 즉 하느님과 사람 사이의 메신저로 알려주는 역할을 한다. 천사들은 사람에게 기쁨만을 알려준다고 한다.

정말 천사들을 알았다면 이렇게 힘들고 괴로움에서 좀 일찍 벗어날 수 있었을 것이다. 사람은 아는 만큼 보인다고 했다.

오늘 내 수호천사와 성 미카엘 대천사에게 틈틈이 시간이 있을 때마다 스스로 도와 달라고 청한다. 또한, 예수! 마리아! 요셉!을 부르면서 간절히 기도한다.

예수님을 기다리는 이 크리스마스 계절에 마음을 좀 넓게 가지면 안 되나, 사람들을 탓하기 전에 내가 좀 변하면 어떨까 생각해 본다.

2023. 12. 14.

좋은 친구

좋은 친구가 있다는 것은 행운이고 복이다.

프란치스카가 나에게 먼저 다가와서 친구 하자고 했다. 나에게 먼저 다가와서 친구 하자고 말하기 쉬운 일이 아니다. 자주 핸드폰으로 통화하고 성당에서 만나서 차도 마시고 가끔씩 함께 식사도 한다.

내가 속상하고 분노에 떨며 울고 있을 때, 다가와서 그런 나쁜 사람들 잊으라고 욕할 필요도 미안하다고 사과받을 생각도 하지 말라고 한다. 그런 사람들은 피하고 참으라고 한다. 그 사람들은 주님께 맡기라고 한다. 또한, 그들을 위해 기도를 하라고 한다. 참지 못하는 것도 죄라고 한다. 어느 신부님은 참는 것이 순교라고 한다. 힘들고 속상할 때, 주님께 봉헌을 하거나 죽은 영옥에 있는 이들을 위해 기도하면서 맡기라고 한다.

죽으면 지옥과 연옥과 천국에 있는데, 천국에 가기 위해서는 고해성사를 보지만 죄가 그것으로는 깨끗하게 씻어지지 않아서 죽으면 남은 죄들을 연옥에서 씻고 가야 하는데, 그 과정이 지옥만큼이나 힘들다고 한다. 그런 것들을 덜 받기 위해서는 착한 일들을 많이 해야 연옥에서 고통을 조금이라도 덜 수 있다고 한다. 지금 지난 일들을 돌아보니, 참으로 잘못한 일들이 너무나 많다. 요즘은 죄를 짓지 않고 착한 일들을 하기 위해서 무척이나 노력 중이다. 그 친구는 나보다 더 많은 죄를 지었다고 한다. 설마 하는 생각을 한다. 마음을 비우고 욕심 없이 살려고 노력하니, 마음이 너무나 편안해져서 좋다.

나를 보고 배울 점이 많고 똑똑하고 살기 위해서 고생을 많이 했다고 칭찬을 한다. 나를 과대평가한다. 그 친구는 자녀들이 수능시험을 보고 난 후에는 아르바이트를 시킨다고 한다. 군대 간 아들에게는 누군가 뭐라고 해도 참으라고 한다. 참는 것이 사고가 안 나는 것이라고 가르친다. 참으로 현명한 어머니이다.

오후에는 치킨집에서 밤 12시까지 일하고 아침 새벽 6시 미사 참례를 하거나 장례미사와 교육 등을 받고 어려운 사람들을 도와주고 기도를 해 준다. 그렇기 때문에 아침은 거의 거른다고 한다. 우리 집에 올 때도 과일과 빵 음료 등을 가득 사 왔다. 내가 혼자 살 때도 쌀이며 과일 등을 사 오고 점심까지 사 주고 간 친구이다. 요즘은 어머니가 예비자 교리를 받기 때문에 어머니와 나를 일요일마다 성당에 데려가고 집까지 데려다주고 간다.

늘 바쁘다 보니, 잠도 많이 못 자고 식사까지 거른다고 하니, 건강이 나빠질까 봐 걱정이다. 얼굴은 동안이고 **빼빼** 말라서 아가씨 같다. 좋은 길을 가게끔 도와주는 아주 고마운 친구다.

그 친구는 나를 보고 이젠 어머니와 네 자신을 위해 살 때라고 충고한다. 지난 힘든 일들을 잊고 즐겁게 살라고 한다.

내일은 일요일, 그 친구를 만날 생각하니 마음이 즐거워진다.

나도 누군가에게 그런 사람이 된 적이 있을까?

2023. 4. 15. 수필문학추천작가회 연간사화집 『나를 위한 변명』

그때 그 시절 어떻게

전쟁을 안 겪어봐서 잘 모른다.

어머니 말씀으론 1·4후퇴 때, 북한군이 숨어있을까 봐 미국군들이 와서 집들과 모든 것들을 불 지르고 갔다고 한다. 할 수 없이 추운 겨울 꽁꽁 얼어붙는 강을 소는 짚으로 발을 감싸서 건너가게 했다. 어머니는 6살 나이로 어른 등에 업혀서 시체들이 있는 강을 걸어서 넘어갔다고 한다. 할아버지(아버지)는 어떤 여자가 담뱃잎을 한 보따리를 주고 가서 그것을 팔아서 목돈으로 생활에 도움이 되었다.

안성까지 피난을 가게 되었는데 사람들이 너무나 많아

서 방이나 부엌이나 마당 등 할 것 없이 앉을 자리가 없었다고 한다. 어떤 경우는 강에서 어른들이 크게 둥글게 서서 그 안에서 아이들 잠을 재웠다고 한다. 며칠 그렇게 보낸 뒤, 집으로 돌아와 보니, 땅에 묻어둔 쌀과 김칫독은 타지 않고 그대로 있었다고 한다. 피난 안 가고 있던 사람들은 그것들을 파서 먹고 돌아온 사람들에게 되돌려 주었다고 한다.

 전쟁으로 알몸만 남은 사람들이 가난이란 그 힘든 역경들을 어떻게 헤쳐왔는지 난 잘 모른다. 다른 나라들에서 원조를 받아서 견디었다고 하지만 보통 일이 아니라고 생각한다. 그런 전쟁이란 상처와 아픔과 가난이라는 그것들을 다 이기고 견뎌온 어른들께 큰 박수를 보내고 싶다. 가난 속에 밤낮으로 일을 하였다. 또한, 내 자식들만은 굶기지 않겠다고 공부시켜서 인재들을 키워내 나라를 발전시킨 것이 결국에 선진국으로 만들었다.

 옛날 어르신들이 지혜롭게 대한민국 나라를 잘 지켜왔지만, 한편으로 장점이 있으면 단점도 있기 마련이다. 열심히 산다는 것은 좋은 일이지만 개인주의가 되어 내 자식만 생각하게 되고 그러다가 보니, 남을 배려할 줄 모르는 사람으로 자라는 경우도 있다. 전쟁을 겪어보지 않아서 전쟁도 가난도 모르기 때문에 어려운 환경을 극복하지 못하는 사람들도 있다. 그런 면에서 안타까운 일이다.

지금이라도 바른길로 가도록 이끌어야 하는 것이 우리 어른들의 큰 숙제이다.

전쟁을 겪어보지 않아서 잘 모르지만, 다시는 전쟁이 없어야 한다.

2023. 5. 1. 여울문학회 vol 25 『꽃잎에 써서 묻는 안부』

왜 외국으로

 전쟁으로 가난하고 먹고 살기 막막했던 시절이었다. 옛날 어르신들 말씀에 의하면 가난하면 입 하나 덜기 위해서 남의 집에 보냈다고 한다. 그때는 일자리를 찾기가 무척이나 힘들었다고 한다. 전쟁으로 부모를 다 잃거나 가난에 책임을 지울 수 없어서 다른 나라로 입양을 보내야만 했다. 부모가 없는 것도 서러운데 말과 생활문화가 다른 그 낯선 땅에 가서 적응하기가 얼마나 힘들었을까? 가난과 고아라는 조건으로 다른 사람들이 좋게 보지 않는 편견이 살아가는데 얼마나 상처를 받았을까? 다른 나라들은 잘 모르지만 우리나라는 다른 사람들보다 좀 약한 조건에 있으면 곱게 보지 않는 시선도 있다.

　옛날에 전쟁으로 먹고살기 막막하여 외국으로부터 원조를 받으면서 살 정도였으니 그럴 수밖에 없었을지 모른다. 책임지고 기를 만한 힘이 없어서 외국으로 입양을 보내야 했다. 하지만 어느 정도 형편이 괜찮아지면 우리나라가 책임을 져야 한다. 입양을 보낼 때, 그냥 보내는 것이 아니라 돈을 받고 보냈다고 한다. 지금도 돈을 받고 보낸다고 한다. 한 소중한 생명을 물건 취급하는 것이 정말 싫다.

　우리나라도 선진국으로 발전을 하였다. 이젠 고아들만큼은 우리가 책임을 져야 한다. 특히 조건이라는 것도 무시 못 하지만 장애가 있는 아이들은 아무도 쳐다보지도 않는다. 우리 옛말에 '검은 짐승 거두지 말라'는 말이 있다. 그 부모의 성품과 어떤 유전자를 가지고 태어났는지가 매우 중요하다. 어떻게든 우리나라 아이들은 우리나라가 책임을 져야 한다. 하지만 외국에서는 조건들을 따지지도 않고, 장애아를 먼저 입양하여 간다고 한다. 입양도 가장 어려운 상황에 있는 아이를 먼저 데려가는 것이 진정한 사랑이 아닐까? 왜 그들은 장애아를 먼저 데리고 갈까? 아마 장애아를 기르기 힘들어도 맑은 마음과 순수하고 깨끗한 정신과 장애로 죄를 많이 지을 수 없기 때문일까. 아니면 그를 키우면서 장애를 극복해 나가는 것들을 보면서 보람과 본인들이 그를 보면서 건강한 몸이 있다는 것으로 위안을 받기 때문일까, 아무튼, 이런 점에서 우리나라도 다른 나라들을 본받아야 한다.

요즘은 미혼모가 아이를 낳아 버리거나 죽이거나 집안이 가난하여 아이들이 버려지는 일도 있다. 이때 여유가 있는 집에서 도와주었으면 좋겠다. 더구나 인구가 점점 줄어드는데, 그런 아이들을 잘 키운다면 나라도 큰 도움이 될 것이다. TV를 보면 고등학생이 실수로 임신을 하였다는 이유로 친구들과 다른 사람들에게 인간 대접을 받지 못하고 상처를 많이 받는다. 누구나 살아가면서 크고 작은 실수를 한다. 그런 미혼모를 곱게 봐줄 수 없을까? 어쩌면 미혼의 잘못보다 미혼모를 미워하고 괴롭히는 것이 더 큰 죄가 아닐까? 엄마가 없다고 아빠가 없다고 고아라고 장애인이라고 그들에게 이유 없이 나쁘게 말하고 행동하는 것들을 보게 된다. 그런 것들이 나를 보는 것 같아서 너무나 마음이 아프다.

경제적으로만 선진국이 아니라, 마음이 따스하고 함께 어울려서 살아가는 마음의 부자 선진국이 되었으면 좋겠다.

2023. 5. 3. 여울문학회 vol 25 『꽃잎에 써서 묻는 안부』

노부부

　노부부가 매일 새벽부터 저녁 늦게까지 폐지를 줍는다. 그 노인들을 보면서 정말 존경한다. 꽤 오랫동안 하셨다.
　폐지를 아파트 앞에 리어카에다 차곡차곡 쌓아 놓고 옆에도 쌓아 놓았다. 아파트 주민들이 지저분하다고 못 쌓아 놓게 하였다.
　도와주지는 못할망정 밥줄은 끊지 말아야 한다. 남의 밥줄을 끊는 것은 아주 큰 죄라고 본다. 아무리 잘 산다고 해도 앞일은 아무도 모르는 일이다. 그래서 함부로 해서는 안 된다. 잘 살고 못 사는 것은 죽어서 관에 들어가기 전까지 아무도 모르는 일이다.

나도 오피스텔에 살 때 폐지를 주워다가 팔았다. 한 달 월급이 빠듯한 살림이었다. 오피스텔 주민들이 지저분하다고 하여 못하게 되었다. 지금은 어머니 집에 들어와 함께 살기 때문에 폐지를 안 주워도 여유가 생겼다.

세상이 점점 이기주의와 개인주의로 변하고 있다. 폐지를 그때그때 가져다가 고물상에 팔거나 아니면 창고를 얻어야 하는데 폐지를 쌓아두려면 창고를 얻으라니 못 할 일이다.

늦은 가을에 아파트에 심어 놓은 나무들에서 낙엽이 떨어져 온 동네가 지저분한데도 관리사무소에서 청소할 생각을 안 한다. 그것은 지저분하지 않고 노인네가 폐지를 쌓아두는 것은 지저분하다고 한다. 이것이 약자의 슬픔이다. 불공정이고 모순이다.

약자들을 더 못살게 하는 사회가 되어가고 있다.

아~ 무척이나 마음이 아픈 일이다.

'주민센터에 가서 하소연이라도 해 볼까나? 장애인인 내 말을 누가 들어줄까?' 하는 생각과 시간이 없어서 못 가고 말았다.

2023. 9. 28. 『수필문학』 2024. 5월호

만년도장

살짝만 찍어도 잘 찍힌다. 남동생이 사용하기 좋다고 한다.

옛날에 ○○자립재활센터에서 일할 때, 처음 이름도 모르는 도장이 인주도 없이 찍히는 것이 사용하기 편했다. 이다음에 나도 이런 도장을 사야겠다고 생각했다.

이젠 그 도장을 가지게 되었다. 이것이 만년도장이라는 것을 알았다.

자유롭지 못한 손이 정확하게 도장을 찍을 수 있다. 손이 당당해지고 날개를 펴고 날아갈 것 같은 기분이다. 사회가 발전하니, 비장애인도 편안하지만, 손 때문에 서러움으로 살았던 것을 없애 주어서 정말 좋다.

만년도장은 만년까지 쓸 수 있다는 뜻이다. 잉크가 도장 안에 내장이 되어있다. 인주가 손에 묻지 않아서 좋다. 쓰다가 잉크가 없으면 넣어주면 된다. 만년도장은 주로 막도장으로 사용한다. 결재나 서류 문서 등에 사용한다. 1푼은 3mm를 말한다. 보통 인감으로는 6푼(3mm*6푼)은 18mm 사용한다. 만년 도장은 인감도장으로 잘 사용하지 않는다. 고무로 되어있어서 빨리 변형이 오기 때문에 목도장 등을 사용하는 것이 좋다.

인감도장을 만년도장으로 만들었다. 만년도장도 되는지 몰랐다. 주민센터에 가는데, 아무 소리 없이 만년도장으로 인감을 해 주었다. 이것이 고장이 나면 새로 인감도장을 만들면 되지 않을까? 하고 생각한다. 이 도장이 망가질 때까지 살 수 있을지도 모르는 일이다.

편안하고 신기한 도장이 나의 손을 기죽지 않게 해주어서 정말 고마운 일이다.

2024. 2. 14.

옥춘

박하 맛이다.

아버지 제사를 지내고 나서, 둥근 오색빛깔 사탕을 작은 올케가 딸이 잘 먹는다고 반을 덜어서 담아갔다.

사실 그 사탕 이름도 몰랐다. 큰집에 가서 제사를 지내면서 어릴 때 먹어봤는데 맛도 별로고 커서 깨물어 먹기도 힘들었다. 손에 빨갛게 묻고 끈끈해져서 싫었다. 제사를 지내면 곶감이나 밤이나 대추와 약과와 과일 등등을 맛있게 먹었다.

먹어 본 것은 계속 먹게 되지만 색다른 것은 잘 먹게 되지 않는 것 같다. 또한, 관심이 없는 것은 이름도 모르고 지내게 되는 경우가 많다. 올케를 통해서 그것이 '옥춘' 이라는 것을 알았다. 제사 때면 늘 보게 되는 음식이었다. 사실 제사 음식 중에 알지 못하는 음식도 꽤 있다. 그것은 제사에 필요한 전통 음식이다. 요즘은 제사도 줄이거나 불교에서 대신 지내기도 한다. 성당 교우들은 연미사를 대신하기도 한다. 교회는 제사를 지내지 않는다. 그러므로 앞으로는 전통 음식이 점점 사라질 것 같다.

며칠 후 어머니와 사탕을 하나씩 먹었다.

"맛있다. 먹을 만하네."

"여우가 맛있는 것을 알고 먹지!"

"여우가 입이 고급이잖아."

어머니 말에 웃는데, 따라 웃으신다.

가끔 하나씩 먹으면 좋을 것 같다. 그러나 더 먹고 싶은 생각이 없는 이상한 사탕이다. 딱 하나 정도로 충분한 것 같다.

2024. 3. 11.

지금이 좋아

 아는 언니에게서 연락이 왔다. 나보고 남자를 만나 볼 생각이 없냐고 물어본다. 언제까지 혼자 살 수 없다고 말한다. 집안에 돈 좀 있고 착한 남자가 있는데 장애가 있다고 한다. 재산 관리와 남자만 잘 보살펴 주면 된다고 한다. '아니, 재산 관리도 못 하는 남자' 그런 남자 싫어!
 언니에게 주님과 약속한 것이 있다고 거절을 했다. 그리고 아버지에게 아버지가 돌아가신 후에 어머니와 함께 살겠다고 약속을 했다. 주님께 이젠 잘못한 것을 어머니께 속죄하는 마음으로 잘해드리겠다고 약속을 하였다. 아버지의 가부장제(家父長制)에 어머니는 밖에 나가지도 못하고 취미생활도 없이 오직 남편에게 순종하고 자식들을 키우는 데만 집중하면 살아오셨다. 그런 환경에서 어머니가 참으로 불쌍하다고 생각했다. 그런 아버지를 미워하기도 했다.

이젠 아버지도 돌아가시고 안 계시니, 어머니에게 자유를 드리고 싶다. 요즘은 건강이 좀 좋아져서 수화도 배우러 다니시고, 친구도 만나시고, 모현가정호스피스에 한 달에 한 번씩 내가 모시고 가고, 매주 금요일마다 성당에 노인대학도 다니신다. 식사 때, 간단히 김밥을 사다가 먹거나, 아님 미니 햄버거를 사다가 먹기도 한다. 때로는 다른 방식으로 끼니를 때우기도 한다. 아버지 계셨을 때는 세 끼 밥을 차려야 했다. 그리고 아버지의 잔소리에 어머니와 난 스트레스를 많이 받았다. 지금이 어머니와 난 제일 행복한 시간이다. 한편으로 아버지가 너무나 아끼고 고생만 하시고 가신 것이 무척이나 마음이 아프다. 그렇게 하셨기에 우리가 감당하기 어려울 만큼 큰 선물을 주시고 가셨다. 사실 아버지의 인생도 없었다. 두 분 다 불쌍하시다. 어떻게 보면 자식을 위해서만 사신 것이다.

지금 이 나이에 결혼은 싫다. 결혼할 생각이 있었다면 20, 30대에 해야 했다. 젊은 날, 남자만 믿고 살기 싫었다. 장애인끼리 만나서 어떻게 산단 말인가? 아이들을 낳아서 더는 힘들고 상처를 주고 싶지 않았다. 그저 나의 삶을 개척해 나가기도 바쁘던 세월이다. 그리고 보니, 여기까지 왔고 나이가 50대 후반에 이르게 되었다.

장애인 삶은 살아가는 데 있어서 고통이고 상처가 참으로 많다. 그 언니에게도 상처가 많다. 장애인으로 학교도 안 보내고 집안일만 시켰다. 다른 자식들은 학교에 가고 직장을 얻고 결혼을 하여 평범한 삶을 살아가는데, 자기는 배운 것도 없고 부모님에게서 남매 간에 차별과 편견을 받아서 그 한이 참으로 많다. 그런 생각으로 나에게 부모도 형제도 필요 없다고 결혼을 강요하고 있다. 좋은 남자 만나야 외롭지 않다고 말한다. 결혼한다고 해서 꼭 외롭지 않을 것이라고 난 장담을 할 수 없다. 어쩌면 인간의 삶은 외로운 고통인지도 모른다. 단지 고통이 크고 작을 뿐이다.

어머니를 다른 곳으로 보내고 나 혼자 편안하게 살 자신이 없다. 어머니께서 나를 이제껏 키워준 것만 해도 감사할 뿐이다. 서로가 이해를 못 해서 다툰 적도 꽤 많다. 지금은 어머니 없이 못 살 것 같다. 어머니와 서로 의지하고 있다. 또한, 어머니를 놔두고 결혼한다고 편안할 것도 아닌 것 같다. 새로운 다른 환경에서 다른 남자에게 맞추어가기도 정말 힘들 것 같다.

난 지금이 좋다.

주어진 환경에서 보람되게 살 뿐이다. 그 언니에게 고맙고 미안한 인사를 보내는데 목울대가 뻐근해진다.

2024. 4. 14.

정말 불편해!

몸이 좋지 않을 때는 발이 꼬이고 넘어진다. 그럴 때 집안에 가만히 있어야 한다. 나갔다가 넘어져서 뼈라도 부러지면 큰일이다. 때로는 가만히 있어도 입이 제멋대로 실룩거린다. 이럴 때 정말 펑펑 울기도 한다.

나이가 들어가면서 그것이 더 심해져서 새로운 신세계로 넘어가고 있다. 몸 상태를 조절하기 위하여 잠은 기본적으로 푹 자야 한다. 새벽 5시에 일어나 어머니와 몇 달 동안 함께 아침 준비를 했는데, 어지러워 쓰러져서 그 후부터 못 일어나고 있다. 어머니에게 정말 미안하다. 체력이 따라오지 못하고 있다.

재활치료원장님은 나에게 전동 휠체어를 타라고 하셨다. 넘어져 뼈가 부러지면 그나마 걷지 못한다고 몸을 아껴야 한다고 한다. 일주일에 한 번 고대 미래교육원에 가야 하는데, 신당역에서 6호선을 바꿔 타는 구간에 엘리베이터가 없다. 그러므로 전동 휠체어를 타는 것은 포기했다. 그나마 걸을 수 있다는 것이 행복한 일이다.

요즘은 뉴스에서 지하철에서 시위하는 장애인들이 보이지 않는다. 정부의 압박(?)으로 아무것도 못 하는 것 같다. 사실 사람은 다 늙은이가 되면 누구나 휠체어를 타다가 죽어 간다고 할 수도 있다. 언제나 건강하고 젊을 수는 없다. 엘리베이터는 장애인뿐만 아니라 어르신들, 유모차를 끌고 다니는 아이 엄마, 짐이 많은 사람 등등 편안하게 활용할 수 있다. 결국에 장애인들이 편안하면 다른 사람들도 편안하다. 엘리베이터는 꼭 있어야 한다.

몸이 좋지 않아서 장애인 콜택시를 불렀는데, 3시간을 기다리다가 결국에 고대 미래교육원에 30분이나 지각하고 말았다. 바쁠 때, 장애인 콜택시를 믿을 수 없다. 작년 하반기부터 장애인에게 버스를 탄 만큼 한 달에 5만 원씩, 중증장애인에게는 보호자까지 10만 원을 지원해 준다고 했다. 그달에 탄 만큼 다음 달에 되돌려 주고 있다. 사실 외출도 잘 하지 않는다. 버스를 타고 다니는 것은 버스가 흔들리기 때문에 몸이 불편한 장애인에겐 더욱더 위험하다. 사실 버스를 타는 장애인을 거의 볼 수가 없다. 택시를 타는 것이 훨씬 편안하다. 일반택시도 카카오를 불러야 하므로 손이 불편한 이에게 힘든 일이다. 어쩌다가 이렇게 변했는지 모르겠다. 또한, 스마트폰에 데이터가 아까워서 사용하지 않는 사람은 택시를 부를 수가 없다.

  길거리에서 택시를 잡을 수 없다. 예전에는 길거리에서 손만 흔들면 쉽게 잡을 수 있었다. 노인들은 스마트폰을 사용하지 못해서 택시를 잡기 힘들다고 하소연을 한다. 결국에 가난한 사람과 약자들에 점점 힘든 세상이 되었다.

  자꾸 뉴스에서 장애인들이 시위하는 모습이 떠오른다.

  비장애인들이 이렇게 마음대로 외출을 못 한다면 가만히 있을까?

2024. 4. 19

명함 한 장

명함 한 장 없다.

꾸준한 직장이 없었다. 직장을 다녀도 오랫동안 못 다녔다. 직장을 다녀도 많이 받아야 최저임금이었다. 살아가면서 꾸준히 오랫동안 다니는 것이 꿈이었다. 늘 불안하고 힘든 세월을 살아왔다. 월급이 적어도 괜찮았다. 적으면 적게 사용하면 되었다. 적은 월급으로 생활을 하면서도 하루하루 무엇인가? 집중하면서 열심히 살다가 보니, 무엇을 사고 싶고 무엇을 사 먹거나 할 생각도 없었다. 한마디로 재미없게 열심히만 살아왔다.

그깟 종이 명함보다 살아온 자체가 인생 명함인지도 모

른다. 컴퓨터 배울 때, 직장에 다닐 꿈을 꾸면서 일러스트레이터로 명함을 만들어 놓은 것이 있지만, 그렇게 많이 사용하지 않았다. 또한, 사람들이 내 이름과 핸드폰을 물어보면 손이 불편한 나에게 명함이 좋기는 하다. 그냥 가지고 다니는 것도 프린터를 해서 잘라야 하는데, 손이 불편해서 그것도 쉽지가 않다. 서로가 비장애인들에게는 친한 사람에게는 스마트폰으로 저장하는 것이 제일 좋은 방법인지도 모른다. 언어 장애와 손이 불편하니 그것도 쉬운 일이 아니다. 아무튼, 나에게 이래도 저래도 불편한 것들이다. 스마트폰에다 저장하면 그만큼 종이 명함을 사용하지 않아서 환경오염에 도움이 된다.

  컴퓨터에 저장된 명함을 다시 꺼내어 고쳐서 프린트했는데, 자르기 힘들어 그냥 놔주었다. 사실 누군가가 나에게 스마트폰 번호를 물어보는 사람도 없다. 그래서 명함이 간절히 필요하지 않다. 어쩌다가 물어볼 사람이 있을지 몰라 몇 장을 준비해 놔두어야 하겠다. 그럼 그만큼 편안하다.

  다른 사람에게 명함을 받아본 경험도 잘 없다. 나에게 명함은 거리가 멀다.

  그나마 명함이 없어도 잘 살아온 것 같다. 어차피 쓰고 있는 수필이, 시가 명함이 되면 좋겠다.   2024. 4. 29.

5

하느님 품에 안겼다

일회용 그릇

자장면은 맛있다.

요즘 중국집에서 자장면이나 짬뽕을 시켜서 먹으면 옛날과 같이 그릇에 담겨오지 않고 일회용 그릇에 담겨서 온다.

음식을 먹은 후에 다시 찾아가서 설거지해야 하는데, 그만큼 인건비가 많이 들어서 편안하게 일회용 그릇을 사용하는 것이다. 보기에도 튼튼하고 괜찮은 용기이다. 한 번 사용하고 버리기 아까운 그릇이다. 버리기 아까워서 집에 쌓아두고 화분 받침대로 사용하고 있다.

당장은 편안하고 인건비를 줄이는 것은 좋을지 모르지

만, 지구가 매우 아프다고 다양한 기상이변과 환경오염으로 심각한 상태에 있는데도 모르는 척하고 있다. 집에서 시켜서 먹는 음식은 다 일회용 그릇이다. 토요일이나 일요일에 밖에 나가면 출퇴근을 하지 않아서 편안하게 쉬며 먹은 그릇들이 쓰레기통에 가득 넘쳐흐르고 있다.

  당장 일회용은 없어져야 하는데, 없애면 일회용을 만들어서 먹고 사는 사람은 무엇을 해서 먹고 살아야할까. 아주 심각한 현실이다. 일회용을 멀리하고 싶어도 하기 힘든 상태이다. 하루빨리 무슨 방법을 찾아야 한다.

  자장면을 시켜서 먹으면서도 죄를 짓는 기분이다.

2024. 5. 8.

내면아이

마리아 수녀님으로 부터 양말로 만든 내면아이 인형 선물을 받았다.

마리아 수녀님이 내 마음속에 있는 기쁨, 즐거움, 괴로움, 상처들을 인형에게 다 말하라고 하셨다. 사람들에게 무시당하고 상처받은 것을 인형에게 본인 자신이라고 생각하고 세례명 '데레사야' 하면서 마음에 있는 것을 다 쏟아놓으라고 하셨다.

60이 다 되어가는데 마음에 상처들이 너무나 많다. 화가 나고 속상하고 힘들 때가 있다. 이젠 데레사에게 모든 것을 말하고 울고 웃고 할 것이다. 잠을 잘 때, 옆에만 있어도 좋다. 데레사를 꼭 껴안고 잔다.

"데레사야 오늘도 열심히 무사히 잘 지냈어!"

"데레사야 오늘도 수고 많았어!"

"데레사야 오늘도 미워한 사람이 없이 잘 지냈어!"

난 이젠 데레사에게 더 가까이 갈 것이다. 오늘 하루 일들을 종알종알 말하다가 스르륵 잠에 빠진다.

마리아 수녀님이 만든 인형이 나에게 친구가 되었다. 수녀님께 정말 감사하다. 나에게 이런 인형이 꼭 필요했는지도 몰랐던 일이다. 그동안 사람들을 자주 만나지 않아서 진정 친구가 필요했는지도 모른다.

난 아직 성숙하지 못한 어린아이이다. 더욱더 데레사와 이야기하면서 더 성숙한 어른이 되길 바랄 뿐이다. 성모님께도 청하면서 말이다.

2024. 5. 15.

목요일

　새벽 4시 50분 잠자리에서 일어나기 싫은 것을 일어난다. 재택근무 3시간 작업을 미리 해 놓기 위해서다. 일을 마치고 집을 나선다.
　밖의 공기와 계절의 변화와 지나가는 사람들을 보면서 행복한 곳으로 향한다.
　일주일 내내 집에만 있다가 고대 수필 반에 가는 날이다. 함께 글을 공유하면서 서로 울고 웃고 하면서 그분이 어떤 분인지 알게 된다. 그 속에서 서로가 더 가까워지는 것 같다. 글을 쓸 수 있다는 것은 나에게 축복인지도 모른다. 글을 쓰지 않았다면 좋은 오경자 교수님과 함께 공부하는 글 벗님들도 만나지 못했을 것이다. 그분들을 만나면서 나에게 힐링과 새로운 삶을 찾게 되었다.

　교실에 들어가면 나를 반갑게 맞아준다. 나의 말과 걸음 등으로 사실 많이 불편할 것이다. 그런 내색도 없이 내 글을 대신 읽어주고 내 말을 자세히 들으려고 노력하고 내 걸음을 맞추어 걸어주는 교수님이나 글벗님들이 있어서 참으로 행복하다. 특히 수필을 쓰는 분들은 다 좋은 분이다. 수필을 쓰면서 자기 나쁜 점들을 반성하고 고쳐나가기 때문이다.

　이런 모임에 걸어서 올 수 있다는 것이 얼마나 다행인지 모르는 일이다. 또한, 나를 이해해 주는 분들이 있어서 그 속에서 나의 글이 자라고 많은 것들을 배운다는 것이 복이 많다는 생각을 한다.

　앞으로 고대 수필 반이 확대되어서 어디에 가도 장애인들과 비장애인들이 어울리는 세상이 되었으면 한다. 그것이 나의 욕심인지도 모르는 일이다. 정말 차별과 편견이 사라지기 힘들까?

　아무튼, 목요일이 제일 기다려지는 날이다.

2024. 5. 26.

홀로의 시간

 요즈음은 거의 집에만 있다.

 가끔 밖에 나가고 싶기도 하고 답답할 때도 있다. 하지만 불편한 다리로 어디 다니기도 힘들고 친하지 않은 사람들을 만나는 날에는 꼭 상처를 받고 집으로 돌아온다. 그런 면에서 사람들을 잘 안 만나고 집에만 있는 것이 나를 보호해주어서 고맙다. 사람들은 속마음을 알고 서로가 도움이 되는 사람들을 만나야 즐겁다.

 아침에 재택근무를 하는 것이 때로는 하기 싫을 때가 있다. 때로는 일 안 하고 살고 싶다는 생각을 한다. 하지만 출퇴근 안 하고 누구에게 간섭을 받지 않고 일할 수 있다는 것이 행복한 일이다. 월급은 많지 않지만 내가 사용할 만큼 받아서 얼마나 감사한 일인지 모른다.

시간을 내어서 기도할 수 있다는 것이 또한, 감사한 일이다. 다른 사람들은 기도하고 싶어도 시간이 없어서 못 하는데, 기도와 선행을 많이 할 때, 특히 죽은 영혼을 위해 기도를 할 때, 하늘에 보물을 쌓는 것이다. 친구가 가르쳐 준 것이 나에게 큰 힘이 된다. 하지만 나도 그렇게 기도를 많이 못 한다. 나에게 상처를 주는 사람들을 위하여 더 많이 기도하면서 견디어 볼 생각이다.

시간을 내어 관심 있는 강의도 듣고, 책도 많이 읽지 못하지만, 틈틈이 책을 읽고 글을 쓸 수 있다는 것에 감사한다. 저녁에 TV를 보면서 운동을 한다. 그것은 나의 건강을 유지하기 위해서다. 밖에 나가서 생활을 못 하는 나에게 TV와 책을 통하여 간접 체험하는 것은 그나마 축복이다.

하루를 이렇게 보내다 보면 심심하지 않고 하루가 너무 빨리 간다. 그 속에서 나의 홀로의 시간은 몸과 마음을 더 성숙하고 더 커가게 한다. 집에서 인터넷으로 물건을 주문하고 인터넷뱅킹으로 은행 일을 볼 수 있으니, 가만히 집에서 지내는 것도 괜찮다.

이렇게 사는 것도 하나의 축복이고 행복인지도 모른다. 집에서만 보내다가 가끔 밖에 나가서 세상 구경을 하고 친한 사람들을 만나는 것은 더욱더 큰 행복이고 축복이다.

2024. 6. 9. 수필문학추천작가회 연간사화집 『그때는 알았을까』

못난이 참외

　남동생이 보낸 온 참외가 참으로 맛있다.
　요즘 전쟁으로 기후변화로 모든 물가가 배 이상 오르고 있다. 마트에 가 물건을 몇 가지 사면 몇만 원이 들어간다. 뭔가 산다는 것이 망설여진다.
　요즘 사과가 금값이라고 한다. 사과를 먹어본 지도 꽤 오래되었다. 참외도 사 먹기가 힘들다. 보통 참외는 쳐다보기만 해야 한다. 옛날에는 작고 못난이라고 쳐다보지도 않고 버려졌던 작은 못난이 참외가 지금은 귀한 대접을 받는다.
　사실 큰 것은 껍질이 두껍고 맛이 없다. 작고 주먹만

한 것은 껍질이 얇고 하나씩 까먹기도 좋다. 맛도 있다. 이 작은 것 하나에 천 원이 넘는다. 점점 먹고 살기 힘들어지고 있다.

어머니가 참외를 무척 좋아하신다. 동생이 떨어질 만하면 택배로 보내와 어머니랑 난 맛있게 먹는다. 자기네도 바쁘고 먹고살기 힘들 텐데, 보내오는 것을 보면 참으로 효자다. 어머니 덕분에 과일을 빠지지 않고 잘 먹는다.

오늘도 어머니랑 맛있게 먹으면서 동생의 사랑이 느껴진다.

동생아 정말 고맙다.

2024. 8. 25.

잠자리에 누워서

 잠자리에 누워서 핸드폰으로 조용히 들릴 듯 말 듯한 소리로 듣는다.

 침대에 누워서 금방 잠이 오지 않는다. 그럴 때, 유튜브 강의를 듣는다.

 요즘은 한자 자격증이나 일러스트 자격증 등을 취득하기 위해 학원에 가지 않아도 된다. 책도 필요 없다. 시간과 하고자 하는 노력만 있으면 인터넷이나 유튜브에서 자료들을 찾을 수 있고 강의들이 다 있다. 학원비가 없어서 못 한다는 것은 핑계밖에 안 된다. 얼마나 좋은 세상인가.

 내가 늦게 태어났다면 어린 마음으로 상처를 받지 않았

을 것이다. 지옥 같은 학교에 다니지 않고 더 쉽게 더 빨리 시간을 절약해서 검정고시 공부를 했을 것이다. 하지만 그렇게 쉽게 공부를 했다면 참고 견디고 인간관계를 배우지도 못했을 것이다. 장단점이 있는 것 같다.

한자 공부를 너무나 하고 싶어서 시간을 쪼개서 하게 되었다. 그러나 일하면서 공부한다는 것이 쉬운 일이 아니다. 그때, 성당에 아는 분이 김법석의 『모두의 한자』를 소개해 주셨다. 그 강의를 들으면서 내가 아는 글자들은 재미있게 넘어가고 모르는 것들은 체크해서 외우고 반복 들으면서 자연히 외우기도 한다. 한문의 한 자 한 자 생긴 원인과 이유를 설명해주시는데, 너무나 재미있고 기억에 남아서 빨리 외워진다. 또한, 가끔 사자성어도 가르쳐 주셔서 도움이 많이 된다. 강의 시간은 20분 안팎이다.

잘 때, 두세 번 반복해서 듣는다. 혼자 공부를 하는 것보다 강의를 들으면서 하니, 무척이나 공부하기 쉽다. 지금 상공회의소 한자 자격시험 9급에서 1급까지 있는 한자들을 일일이 워드로 9급에서 2급까지 반 이상을 입력하고 지금 3급을 외우는 중이다. 사자성어도 외우면서 말이다. 이렇게 공부를 할 수 있는 것은 축복이다. 한자 공부를 하고 싶은 이유는 책을 읽다가 한자를 모르면 답답해서이다.

요즘은 책에 있는 한자를 반 정도 읽을 수 있어서 행복하다.

  오늘도 강의를 듣다가 꿈속으로 빠진다.

2024. 9. 7.

이용권 선물

 이용권 선물을 받았다.

 이미혜 선생님이 연수 가서 받아온 이용권인데, 시간이 없어서 볼 수가 없다고 하시면서 나에게 주셨다. 시를 쓰는 데 도움이 되라고 주신 선물이다. 이용권 사이트에 회원으로 가입하고 쿠폰 비밀 영자들을 입력하면 3개월 동안 무료로 볼 수가 있다.

 날마다 시요일이라는 사이트다. 월요일부터 금요일까지 매일 시구절이 올라온다. 그 시구절을 클릭하면 전체 시를 읽을 수 있다. 그 시를 읽고 밑에 책자를 클릭하면 시인의 경력과 시인의 시집들이 나온다. 시집을 클릭해서 들어가면 제목 순서대로 나오는데 제목들을 클릭하면 그 시 내용을 읽고 좋아요를 클릭하거나 댓글을 올릴 수 있다. 자기가 쓴 시를 사이트에 올릴 수 있다. 또한 슬픔, 분노, 삶, 노동, 새벽 등등 표시된 것을 클릭하면 그에 대한 주제로 된 시들을 읽을 수 있다. 사만 원을 주면 1년 동안 구독을 할 수 있다. 이런 사이트가 있다는 것에 놀라운 세상이다.

  시간을 쪼개어 읽는데, 하루 동안 많이 읽어야 시집 한 권 정도 읽을 수가 있다. 시를 독학으로 공부하는 사람에게 참으로 좋을 것 같다. 스마트폰만 있으면 쉽게 접할 수 있다. 요즘같이 더운 날 스마트폰에 푹 빠져서 읽으니, 더운지 모르고 하루하루가 지나간다. 이 또한 얼마나 축복받은 삶인가? 사만 원이면 시집 세 권 정도 사 볼 수 있는 돈이다. 그 돈으로 1년을 본다면 돈과 시간을 절약할 수 있고 집에 시집들이 쌓여있지 않아서 좋다. 또한, 환경보호에도 한몫할 것 같다.

  시집을 이렇게 볼 수 있는 것 같이 앞으로는 다른 책들도 전자책으로 빌려보는 도서관이 생길 것 같다. 복잡하게 책을 우편으로 부치는 일도 없어질 것 같다. 그럼 서점과 우편배달이 줄어들거나 없어질 수 있다. 그럼 일자리들이 줄어들 수도 있는 일이다. 발전한다고 좋기도 하지만 나쁜 점도 꽤 있는 것 같다.

    이용권을 주신 이미혜 선생님께 고마운 마음으로 시 한 편이라도 더 읽기 위하여 스마트폰을 붙잡고 있다. 난 언제 좋은 시인이 될까.

2024. 9. 22.

술과 담배

 이곳에 와서 얼마 지나지 않아 당장 술과 담배를 끊으셨단다. 재활병원에 젊은 물리치료 선생님으로 와서 환자들을 치료했다.

 불편하고 아픈 몸으로 상처들을 견디면서 열심히 살아가는 모습에, 환자들이 글을 쓰고 그림을 그려서 전시회하는 모습에, 선생님은 지난날들을 반성했다고 한다. 그 후 매일 같이 술을 마시고 담배를 피우던 것을 끊으셨다. 부모님도 좋아하신단다.

 나를 아는 사람들은 참으로 열심히 살아간다고 보기 좋다고 한다. 어머니는 나에게 극복하고 열심히 살아가는 것이 특별한 아이라고 하신다. 아버지는 돌아가시기 전에 알뜰히 성실히 살아가는 모습에서 우리 집의 복덩이라고 하셨다. 올케들도 나보고 존경한다는 그런 말들을 가끔 한다. 이 세상에 태어났기 때문에 어쩔 수 없이 살아야 하므로 버티면서 견뎌냈다.

  비단 나뿐만 아니라 여기 오는 장애인들이 거의 똑같다고 본다. 금주·금연이 얼마나 어려운 일인데 선생님께서 저희를 보고 감동하여서 실천하셨다. 그렇게 결코 실천하기에 쉬운 것이 아니다. 선생님도 정말 대단하시다. 아마 앞으로 더욱더 좋은 물리치료 선생님이 되실 것 같다.

  선생님의 그런 삶에 무척이나 고마웠다. 몸이 불편하여 항상 나의 모습이 초라하고 살아가는데 무척이나 힘들다. 나라는 사람이 누군가의 삶을 변화시켰다는 것에 새로운 희망과 용기를 얻어 더욱더 열심히 살아야겠다고 다짐한다.

2024. 9. 30.

가을 음악회

얼마나 오랜만에 음악회인가.

모현 호스피스 음악회에 초대를 받았다.

생활성가크루 '열일곱이다' 단원들이 와서 1시간 동안 음악회를 하였다.

일상생활에서 지치고 외롭고 힘든데, 특히 생활성가가 위안과 힘이 되는 것 같다.

수녀님들 환자들 많은 지인이 와서 강당을 가득 채웠다. 1시간 동안 음악을 듣고 따라 부르고 앉아서 몸을 움직이면서 신나게 푹 빠져들었다. 끝날 때는 모두가 웃음으로 가득 찬 행복하고 즐거운 얼굴들이었다.

안타까운 일은 단원들이 중 황수정 율리아나가 침샘암에 투병 중이어서, 이번 음악회에 오기로 했는데 몸이 안 좋아서 참석하지 못하였다. 그분을 위해 간절히 기도할 뿐이다. 어쩜 누구나 아픔이 있고 힘든 무거운 삶이 있을 것이다. 그래서 더 성모님께 간구하고 주님께 기도를 드리면서 좌절 속에서도 일어날 힘이 생기는 것 같다. 믿음이 있기에 더 착하게, 올바르게 살려고 노력하는 것이다.

저녁을 먹으면서 어느 수녀님은 고 김수환 추기경님은 대축일(성탄절, 1월 1일은 천주의 성모 마리아 대축일, 부활절, 8월 15일 성모 승천 대축일)이면 꼭 가난하고 약한 사람들에게 음식을 대접하며 함께 식사하셨다고 말씀하신다. 진정 큰 어르신으로 우리에게 모범을 보여주셨다. 나도 누군가에게 도움이 되는 생활을 해야 하겠다. 이런 좋은 곳에 올 수 있었던 것은 큰 행복이고 축복이다.

오색불빛이 가득한 밤길을 차를 타고 오면서 「엄마의 기도가 하늘에 닿으면」이라는 노래가 떠오른다. 어머니는 정말 자식을 위하는 마음이 대단한 분이시다. 나의 엄마도 나를 위해 계속 기도를 해 주시기 때문에 내가 있는 것으로 생각한다. 엄마라는 두 글자가 마음을 울린다.

가끔씩 삶의 무게로 지치고 힘들고 아플 때, 유튜브에 「

열일곱이다」라는 노래를 찾아서 들으면서 나의 영혼과 육체를 충전시켜야 하겠다.

    여기에 오지 않았다면 많이 후회하고 행복한 시간이 없었을 것이다.

    정말 행복하고 즐거운 날이었다.

2024. 10. 12. 여울문학회 vol 26 『언제쯤 철이 들까』

한강

 한강 작가가 노벨문학상을 받았다는 것에 나까지 덩달아 기분이 좋아진다.
 한강은 아버지가 소설가라서 아버지를 닮았을까? 핏줄도 한몫했을까? 어릴 때부터 있는 듯이 없는 듯이 책 읽기를 좋아했다. 수많은 책을 읽어서 부드럽고 섬세한 글들을 만들었을 것이다. 얼마나 많은 책을 보았으면 그런 실력이 생겼을까? 아마 나도 어릴 때, 친구들도 없고 놀림을 받았을 때, 그런 아픔들을 생각하지 않고 책에만 집중했다면 지금 더 좋을 글을 썼을 것이다. 하지만 후회해도 때는 늦었다. 지금은 많이 노력하고 싶어도 몸이 따라주지 않는다. 그래서 때가 있는 것인가 보다.

한강은 4년 동안 우유와 달걀과 채소들만 먹었다는 것도 참으로 대단하다. 그런 노력과 경험들이 있기에 채식주의자라는 책이 탄생했을 것이다. 그런 인내와 끈기가 있기에 좋은 글을 쓸 수 있었을 것이다. 사실 나도 채소를 먹어야 하는데, 여러 가지 이유로 못하고 있다. 혼자 살면 가능한 일이다. 하지만 혼자라는 것이 너무나 외로울 것 같다.

무엇인가를 이루기 위해서는 자기 자신과 외로운 싸움이 있어야 한다. 건강을 위해서는 운동을 해야 하고 몸이 좋지 않으면 좋은 음식을 먹어야 한다. 일해야 의식주를 해결할 수 있다. 말은 쉬운 이야기 같고 상식적이지만, 그런 것들을 못 하여 빈곤하게 살거나 목숨을 재촉하는 사람들도 있다. 사실 난 앞날이 보이지 않았다. 무엇을 해야 할지 막막하고 희망이 없었다. 하루하루 그냥 좋아서 노력하다가 보니 나도 모르는 사이에 여기까지 살았다. 성실과 노력이 때로는 불가능도 어느 정도 극복이 된다.

한강이 남의 눈에 보이지 않는 노력이 있었기에 노벨문학상을 받은 것이다. 그녀에게 박수를 보낸다. 한국에 노벨문학상 수상자가 탄생했다는 것은 나라를 빛낸 아주 자랑스러운 일이다. 세계에서 한국의 기를 살려준 아주 고마운 일이다.

한강의 아버지는 딸이 노벨문학상을 받는다는 것을 처음에는 믿지 않았다고 한다. 세계에서 두 나라가 전쟁 중인데 잔치를 할 수 없다고 조용히 보내겠다는 겸손에 또한 감동하였다.

겸손한 마음으로 더 열심히 살아야 하겠다. 모든 사람이 겸손한 마음으로 각자 맡은 일에 성실하게 열심히 살아간다면 세상은 더 밝아지고 더욱더 발전할 것이다. 또한, 후손들도 그 핏줄을 받아서 더 아름다운 세상이 될 것이다.

2024. 10. 22.

하느님 품에 안겼다

성당 지인에게서 카톡이 왔다.

'성가 가수로 아름다운 삶을 살았던 황수정 율리아나(34세)가 주일인 어제 투병을 마치고 하느님 품으로 떠나갔습니다. 고통 없는 곳에서 영원한 안식을 누리길 함께 기도해주시길 청하며 나누던 성가 중 「아무것도 너를」 나눕니다.' 하고 황수정 율리아나가 부르는 동영상 성가와 함께 보내왔다. 이 카톡을 보는 순간 마음이 왜 이렇게 아픈지 모르겠다.

지난 10월 11일 모현 호스피스에서 가을 음악회에 초대를 받았다. 생활성가 찬양크루 '열일곱이다' 단원들이 와

관객들을 즐겁고 신나게 만들어 주었다. 생활 속의 스트레스가 풀렸다. 그날 침샘암으로 투병 중인 황수정 율리아나가 몸이 좋지 않아 참석을 못 해서 안타까웠는데 하느님의 부르심을 받았다니 가슴이 아프다.

유튜브 동영상 속 율리아나가 부르는 성가 목소리가 너무나 아름다웠다. 얼굴도 예쁘고 꽤 밝았다. 그녀는 그림을 잘 그렸고 글도 잘 썼다. 마음도 꽤 착했다. 밑의 여동생과 어머니와 아버지와 함께 살았다. 다들 마음이 여리었다. 네 식구 중에서 그녀가 마음이 그나마 강했다. 식구들이 무슨 일이 있으면 그녀가 해결을 봤다. 그녀는 죽기 한 달도 못 되는 날까지 공연하기로 했다가 너무나 몸이 좋지 않아서 포기했다.

주님의 품에 안긴 뮤지컬 배우 황수정 율리아나는 2017년 제17회 cpbc 창작생활성가제에서 대상을 수상하며 찬양 사도로서의 데뷔를 알렸다. 가톨릭 생활성가크루 '열일곱이다'에서 미녀보컬로 활동하였다. 2018년 2월 희귀병 침샘암으로 판정을 받았다. 그녀는 7년 동안 투병했다. 폐까지 전이가 되었다. 미혼으로 원자력병원에서 11월 10일 새벽 두 시에 하느님 품에 안겼다. 2024년 11월 12일(화) 10시 서울대교구 수락산성당에서 장례미사가 거행되었다.

아름답고 예쁘게 살아간 34세라는 나이가 너무나 아깝다. 하느님은 왜 일찍 데리고 가셨는지 모른다. 하지만 아름답고 예쁘게 사는 것이 천사 같아서 지상에서 더는 고생할 필요가 없다고 판단하셨는지 모르는 일이다. 하느님 품에 안겨서 편안히 즐거운 안식을 영원히 얻었으면 좋겠다.

아름답고 예쁘고 착하게 천사같이 맑고 깨끗하게 산 그녀를 보면서 지난날들을 반성한다. 나도 착하게 살아야겠다. 요즘 난 누군가가 나를 무시하고 편견 차별을 한다면 그들이 무시하듯이 나도 그들을 무시하여 장님이 되고 벙어리가 된다. 이제 그러지 말아야겠다. 또한, 나쁜 기억들은 빨리 지우개로 깨끗이 지워버리기로 했다. 아픈 기억들은 나 자신을 더 아프게 하기 때문이다. 좋은 생각만 하기로 했다. 특히 식구들과 주위 사람들에게 밝은 웃음으로 잘해야 하겠다. 우리는 이 세상에서 살다가 누구나 다 떠난다. 그러기에 더 열심히 살아가야 한다.

황수정 율리아나가 마음속에 오래도록 깊이 남을 것 같다.

2024. 11. 16. 여울문학회 vol 26 『언제쯤 철이 들까』

창피해

창피해! 쥐구멍에라도 숨고 싶다.

아침에 일어나서 커피 한 잔을 마시고 컴퓨터 작업을 하면서 밥 대신 간단히 이것저것을 먹는다. 요즘은 체력이 따라주지 못해서 8시 넘어서 일어난다. 아프다는 핑계로 아무도 뭐라고 하는 사람이 없다. 음식을 먹다가 보니, 자판 비닐 커버에 잔부스러기들이 떨어진다. '청소해야지!' 하면서도 귀찮아서 안 했다.

어느 날 저녁에 연속극을 보고 있었다. 막내 남동생이 퇴근하고 와서 "누나 방에 컴퓨터 좀 쓸게" 했다. 좀 있다가 자판기 커버를 가지고 나와서 쓰레기통에서 털고 물티

슈로 깨끗이 닦아서 갖다가 놔두는 것이었다. 아무 말도 없이 말이다. 그 순간 난 당황했다. 소파에 앉아서 "어머 피곤한데 미안해! 어떡해?' 그 말에 어머니는 "계집애가 잘하는 짓이다." 한 소리 들었다.

동생에게 나의 잘못을 보였다는 약점에 어쩔 줄 몰랐다. "누나 왜 이렇게 지저분해" 하고 한소리도 안 하고 청소를 해 주는 것이 더 미안하고 창피했다. 결국에 동생에게 한 방 먹었다.

누나가 모범을 보여야 하는데 앞으로는 청소를 더 잘해야 하겠다.

2024. 12. 7.

| 김성윤의 수필세계 |

한을 성찰로 승화시킨
아픔의 결정체, 신앙의 승리

오경자
(수필가, 문학평론가)

 수필은 자신의 체험에서 글감을 찾아서 쓰는 글이어서 개인사적인 이야기가 많고 자칫하면 독자에게 공감을 주는 글이어야 함을 망각하고 자신의 심정만 풀어가다가 끝내는 경우가 많다. 또는 반대 현상으로 세상사에 대한 관찰에만 치우쳐 자신의 이야기가 완전히 빠져 버림으로써 칼럼같이 돼 버리는 우를 범하기도 쉽다.
 물론 수필의 범위를 넓게 볼 때 칼럼도 수필의 범주에 넣기도 하지만 수필의 경우는 자신의 이야기가 들어가야 진솔함과 솔직함에서 오는 감동을 독자에게 전함으로써 자신의 주제를 공감하게 하는 설득에 성공할 수 있는 것이다.

수필가 김성윤은 장애인이다. 그는 장애를 이겨내고 학교에 다니면서 온갖 어려움을 다 겪는다. 상급학교로 가면서는 검정고시 등을 통해서 학업을 이어가고 어른이 되어서는 취업전선에 뛰어들어 만고풍상을 다 겪으며 앞길을 개척해 나왔다. 다리에 장애가 있어 걷기가 불편하고 손에도 장애가 있어 일상생활을 하기가 어려운데도 그 손으로 어려움을 극복하고 컴퓨터를 배워서 여러 가지 자격증을 다 따는 데 성공했다.

　지금은 그 실력으로 전문분야의 일을 감당해 내며 재택근무를 잘 하고 있는 직업인이다. 자신의 수필에서 당당히 밝힌 일이기에 여기 이렇게 쓸 수 있는 일이 되었다. 그는 극복했기에 당당하고 사회의 편견에 대해 준엄히 꾸짖기도 하면서 그의 수필에서 자신의 한을 노래하고 그 극복과 희망을 노래하는 수필가로 굳건히 자리매김한 지 오래다. 이미 저서도 출간했고 깊은 성찰을 통한 수필에서 도도하게 자신의 주장을 펴되 역지사지를 잊지 않는 진정한 수필가이기도 하다.

한을 극복하고 희망의 노래를 부른다
　그의 수필은 한을 노래하되 역지사지를 잊지 않음으로

써 음울하기보다는 극복과 희망이라는 주제를 선명하게 전하는 반전을 가져온다. 그 바탕에는 성찰이 주조를 이룬다 하겠다. 그의 시각은 항상 사회를 향해 열려있다. 장애를 가진 사람으로서 그 경험에 입각해서 비장애인들이 어떻게 해 주었으면 좋겠다는 제언을 잊지 않는다. 불평이 아니라 배려를 부탁하는 글은 간결하다.

장애인의 불편을 덜기 위해 자신이 힘만 있다면 개선하는 일을 직접 했으면 좋겠다는 의견을 말하면서 능력 없음을 한탄하지만 당당하다.

그들 모두는 문제점을 고쳐주길 바라지만 나는 불편함을 글로 표현해 본다. 그들에 비해 나는 비겁한 사람인지도 모른다. 아무튼, 내가 능력이 있으면 온 길들을 다 고치고 싶다. 나에게 그런 능력이 없다는 것이 한심하다. 그들의 말로 인해 언제 편안한 길이 되어서 걱정 없이 다닐 수 있는 날들이 올지 모르겠다.
아무튼, 너도나도 모두가 편안하게 다닐 수 있는 길을 빨리 만났으면 좋겠다.

- 「길을 고치고 싶다」 중에서

전체 길이 울퉁불퉁하게 헐어 있는데도 불구하고 방치되어 있어서 장애인들은 넘어지기 쉽다. 비장애인들도 노인이나 어린이, 아이 엄마 등이 매우 불편함을 감내하며 살아간다. 그런 모습을 보면서 자신이 길을 고치고 싶으나 능력이 없음을 한탄한다. 세상사를 불평으로 보는 것이 아니라 선의의 참여자로 보는 작가의 시선이 아름답다.

수필가 김성윤은 장애를 불만으로 받아들이거나 한을 질겅질겅 씹고만 있는 것이 아니라 어차피 주어진 장애를 노력으로 극복해서 자신의 입지를 넓힌 사람이다. 그 승리를 노래하며 희망을 노래한다. 한을 성취로 승화시켜 희망을 노래함으로써 많은 사람에게 세상을 긍정적으로 보게 하는 작가이다.

컴퓨터의 여러 자격증을 획득한 작가는 인테리어 전문 프로그램을 운영하는 재택근무를 한다. 그 속에서 삶의 희열을 느끼는 글의 묘사가 담백하고 간결하다.

8년이란 세월, 결코 짧은 세월은 아니다. 난 밝은 목재로 꾸민 가구들과 식물이 있는 집을 좋아한다. 원목 가구는 편안함과 따스한 느낌이 있어서 좋다. 식물은 싱싱함과 생명력을 주고 사람을 편안하고 안정감을 준다. 아마 내가 죽을 때까지 이 작업은 할 것 같다. 하루하루 새롭고 독특한 인테리어를 보니, 마냥 재미있고 즐겁다. 오늘은 어떤 인테리어가 나를 반겨줄지 궁금하다.

- 「인테리어」 중에서

장애의 아픔은 어디에서도 찾아보기 힘들고 자신의 전문분야에 대한 생각과 느낌을 아주 밝게 그려나간 따뜻한 수필이다. 희망과 치유를 선물하는 수필이라 하겠다.

**장애의 애환과 극복,
처절한 노력으로 인간승리**

수필가 김성윤은 그의 수필을 통해 장애의 애환도 그리지만 그 주어진 운명에 대한 순응과 극복, 그리고 사회에 대한 절규를 계속한다. 그러나 그 바탕에는 천주교 신자로서의 깊은 종교심이 탄탄하게 깔려있어 역지사지로 세상을 이해하려 노력한다. 그 마음씨가 독자의 눈시울을 더 붉게 만들고 그의 주장에 공감을 더하게 된다.

어린 시절 다른 아이들과 똑같이 뛰어놀고 싶었다. 체육 시간, 음악 시간, 미술 시간, 필기 같은 것을 자유롭게 하고 싶었다. 아이들에게 왕따도 받고 싶지 않았다. 공부를 잘해서 대학도 가고 싶었다. 다른 사람들과 같이 떳떳이 직장에 다녀서 돈도 많이 벌고 싶었다. 화장하고 높은 하이힐도 신고 내 나름대로 멋을 부리고 싶었다. 한 남자를 사랑하여 결혼해서 토끼 같은 아이들 낳아서 예쁘게 키우고 싶었다. 가만히 생각하니, 못해본 것이 너무나 많다. 결국에 다른 세계를 살 수밖에 없었다. 살아오면서 한없는 눈물과 아픔과 장애를 극복하기 위한 노력으로 겨우 여기까지밖에 올 수 없었다.

- 「다른 세계」 중에서

말하기 힘든 혼인의 문제와 남녀의 문제를 솔직하고 담백하게 표현한 글이다. 본능적 관심과 현실의 인식을 차분하게 그려 나가고 있다. 그 문장이 간결하고 진솔해서 수필의 요체를 잘 갖추고 있다 하겠다.

작가는 「지금이 좋아」라는 수필에서도 같은 생각을 주제로 담아내고 있어 독자는 연민의 정을 느끼며 작가의 여러 마음을 여백으로 받는다. 분수에 맞는 수분의 법칙이라는 큰 질서를 간접적으로 잘 그려내고 그러면서 그 안에 감사를 담고 있어 글의 폭을 넓히고 있다.

편안하고 신기한 도장이 나의 손을 기죽지 않게 해주어서 정말 고마운 일이다.

- 「만년 도장」 중에서

그나마 명함이 없어도 잘 살아온 것 같다. 어차피 쓰고 있는 수필이, 시가 명함이 되면 좋겠다.

- 「명함 한 장」 중에서

난 아직 성숙하지 못한 어린아이이다. 더욱더 데레사

와 이야기하면서 더 성숙한 어른이 되길 바랄 뿐이다. 성모님께도 청하면서 말이다.

- 「내면 아이」 중에서

우리 주위에 흔한 도장, 명함들을 통해서 작가의 애환을 잘 그려내고 있다. 수녀님이 선물해준 인형 하나를 의인화해서 그와의 대화 형식으로 심사를 간결하게 전하는 은유적인 표현이 돋보인다 하겠다.

장애인의 현실을 감안해서 자신에게 딱 맞는 것을 찾았다는 기쁨을 조용히 담아내고 있는 수필이 만년도장과 명함이다.

길거리에서 택시를 잡을 수 없다. 예전에는 길거리에서 손만 흔들면 쉽게 잡을 수 있었다. 노인들은 스마트폰을 사용하지 못해서 택시를 잡기 힘들다고 하소연을 한다. 결국에 가난한 사람과 약자들에 점점 힘든 세상이 되었다.

자꾸 뉴스에서 장애인들이 시위하는 모습이 떠오른다.

비장애인들이 이렇게 마음대로 외출을 못 한다면 가만히 있을까?

- 「정말 불편해」 중에서

장애인이 지하철 이용하기 힘든 상황을 잘 정리해서 표

현했다. 사회성이 강한 수필이다.

> 지하철이 와서 타려고 하는데 긴장하고 신경을 써서 온몸이 경직되고 걸음이 비틀거려서 걸을 수가 없었다. 겨우 경찰들에게 부축을 받아서 탔다. 지하철 2호선을 갈아타려고 걸음을 걷는다. 자꾸 비틀거려서 넘어질 것 같은 몸을 사람들이 다들 쳐다본다. 이렇게 아픈 몸으로 다닌다고 부축해주는 할아버지도 있고 또 어떤 아주머니는 지팡이라도 짚고 다니라고 한다.
>
> — 「살인미수」 중에서

장애인으로 겪는 어려움을 글감으로 담아내고 장애인의 입장에서 생각해 줄 수는 없을까 묻는다. 그 표현 가운데 곳곳에서 비장애인들은 이런 경우를 당하면 어떻게 할까라고 반문하면서 역지사지를 생활 속에 접목시키고 있다. 자신에게 잘못을 행하고도 사과하지 않는 노인에 대한 고발적 항의의 과정을 그린 이 수필은 서경적 표현이 어떤 것인지를 잘 보여주는 수필이라 하겠다. 그 처절한 과정을 적나라하게 그려냄으로써 독자에게 깊은 울림을 주는 수필로서 장애인의 한을 잘 그려냈다. 그리고 결말에서는 성찰이라는 깊은 울림을 잘 전하고 있다.

고마운 사람들에 대한 감사와
신께 감사하는 신앙 수필

> 그래 나에게 상처를 주는 사람들도 있지만, 이렇게 따스한 마음으로 배려하는 사람들도 있잖아. 그래서 늘 좋은 생각과 고마운 분들만 생각하자. 나쁜 사람들에게 그런 일을 당한 후 1초라도 빨리 잊어버리자. 나의 건강을 위해서 말이다. 배려에 "고맙습니다." 하고 말을 했지만, 그렇게 바쁘지도 않으면서 괜찮다고 양보를 해야 했는데 당연한 것으로 받아들였던 건 아닐까. 가만히 생각해 보았다. 내가 장애인이라고 해서 꼭 배려를 받아야 하는지 생각해 보니, 그런 것은 아닌 것 같다. 그 사람들도 바쁘고 힘들 텐데.
> ─ 「아름다운 배려」 중에서

장애인을 배려해서 마트의 계산대에서 자신에게 먼저 계산하도록 양보해 주는 사람들에 대한 진심 어린 감사를 담아낸 작품이다. 인간애가 넘치며 양보를 당연한 것으로 받아들였던 자신의 생각이 잘못되었음을 성찰하는 성숙한 시민의식을 돋보이게 하는 수작이다.

> 오고 가면서 나의 이야기를 들어주었다. 그 자상한 마음씨가 때로는 부러웠다. 잠시 '나도 결혼을 해서 이런 사람을 만날 수 있었더라면 얼마나 좋을까?' 생각도 했다. 성당에 오고 가며 나이 많은 어르신이나 불편한 분

이 계시면 꼭 집까지 모셔다드렸다. 그러는 동안 나도 모르게 오빠에게 큰 의지가 되었다.(중략)

주일에 가끔씩 대부님 대모님과 함께 성당에 미사를 보러 간다. 대모님이 나보고 "이렇게 고마운 레오 씨가 어디 있냐. 그 부부를 위해 기도나 하냐"고 물어보는 것이 아닌가? 매일 묵주기도를 하고 있다고 대답했다. 레오 오빠 아내 대모님이기 때문에 나를 태워다주는 것을 못마땅하게 생각하고 있는 눈치였다. 레오 오빠 아내가 내게 베푸는 친절에 질투심도 나고 부럽기도 해서 심통이 났던 것 같다. 물론 다른 여자와 매주 성당에 다니는 것도 못마땅하기도 했을 것이다. 자기는 바쁘고 힘들다고 남편만 성당에 보내니, 은근히 우리가 불륜이라도 했을 것이라고 생각을 할지도 모를 일이다.

- 「레오 오빠 고마워요」 중에서

레오 오빠는 같은 성당에 다니는 신자인데 불편한 김성윤을 위해 차를 태워 주면서 보살핀다. 그때 함께 이용하는 노인들의 면모를 가감없이 담아내면서 인간 세상의 또 다른 단면과 장애인에 대한 편견을 가감없이 그려낸다. 젊은 것이 양보하지 뻔뻔하게 타고 다닌다는 의미의 속내를 빈정거림으로 쏟아내는 같은 신자들의 행태를 간결하게 그려내고 있다. 참지 못하고 드러내는 자신의 마음을 간결하면서도 잘 표현하고 있다. 결국 고마운 레오 오빠에게 마음과 달리 서운하게 해서 좋은 관계가 끊어진 데 대한 안타까움과 후회를 성찰로 잘 담아낸 수필들이다.

가난을 극복하는 사람들 폐지 줍기를, 솔직하고 정감있게 표현

 구박을 받고 월급을 받지 못하는 그것보다 사람들이 쳐다보는 것이 창피하고 힘들고 넘어져서 다칠까 봐 용기가 없어서 못 하고 있다. 폐지를 줍는다고 아무도 뭐라고 할 사람 없다. 자기가 줍는 만큼 벌 수 있다. 폐지를 줍는 것이 더 낫다고 생각한다. (중략)
 장애인들이 겪고 있는 가난이라는 끊을 수 없는 현실을 신께서는 어떻게 생각하실까?
 폐지를 줍는 지혜와 건강이 있으니, 그나마 신께 감사할 뿐이다.
 난 오늘도 운동 삼아 즐거운 마음으로 폐지를 줍는다. 그 속에서 작은 보람과 행복을 느낀다. 얼마나 감사한 일인가!
-「폐지를 주우면서」 중에서

 폐지를 줍는 일을 수입 때문에만 하는 것이 아니라 김성윤은 자긍심을 가지고 한다. 그 일을 하는데 대한 열등감이나 패배의식 같은 것이 전혀 없다. 긍정적으로 생활을 위한 노력의 일환으로 보기에 밝은 글로 주제를 잘 형상화 시키고 있다. 그 안에 세상을 당당하게 살아가는 자긍심과 성취에 대한 기쁨을 잘 담아내고 있다.

「상자들」, 「김씨 아저씨」, 「고마운 분들」 등 여러 작품에서 세상의 온정과 감사와 배려, 이웃사랑 등을 통해 세상은 살만한 것임을 은유적으로 그려내고 있다. 수시로 조금씩 줍고 모으는 일은 건강에도 도움이 되고 물자를 아낀다는 면에서 환경운동도 된다는 긍정적이고 경쾌한 문장을 써 내려감으로써 세상을 긍정적으로 보며 살아갈 때 큰 기쁨을 누리며 살 수 있다는 평범한 진리를 부담 없이 표현하는 작품들이다.

가족 사랑, 애틋한 효심

김성윤의 수필에서 빼놓을 수 없는 것이 가족 사랑이고 자신의 장애로 불효를 범하게 된 일에 대한 후회와 한과 죄송함과 미안함, 그리고 하늘까지 닿고도 모자랄 만큼의 고마움을 담아내는 일이다. 그의 수필에는 어머니에 대한 무한한 사랑과 애틋한 정이 넘쳐난다. 한편 아버지에 대한 존경과 표현을 잘 담아낸 글은 절제의 미를 돋보이게 한다. 말씀은 잘 안하지만 속 깊은 아버지의 사랑과 자신에 대한 연민에 가슴 아파하는 고백이 가슴을 먹먹하게 한다.

어쩌면 아버지의 살아온 모습이 거울이 되어서 내가

좌절하지 않고 살아가고 있는지도 모른다. 우리 집에는 남매들이 다 성실하다.

결국에 아버지의 인생은 없으셨다. 가장이라는 책임감으로 살아온 아버지, 그 당당하던 모습과 열정은 간 곳이 없고 아이같이 순진한 양이 되어서 콧줄을 끼고 누워만 계신다.

그런 아버지를 보면서 가슴이 너무나 아프다.

간절히 회복되길 수없이 기도한다.

- 「아버지의 인생」 중에서

동생의 효심과 가족애를 잘 그려냈다. 「옥춘」은 조카에 대한 사랑을 은유적으로 드러내면서 유머감각이 물씬 풍기게 쓴 표현이 눈길을 끈다.

환경문제, 사회문제에도 관심 높아

우리들의 고아나 미혼모의 아이들을 외국으로 입양 보내는 데 대한 문제를 예리하게 지적하며 이제 우리가 길러야 한다고 선명하게 주장한다. 외국인들이 장애아를 먼저 입양해 간다는 점을 지적하면서 우리가 진정한 선진국이 되려면 이런 문제부터 의식의 전환이 있어야 한다고 예리하게 지적하면서 주제를 잘 형상화하고 있다. 주장을 쓴 글이지만 문학적 향취를 잃지 않도록 절제하면서 쓴 수필도 눈길을 끈다.

자연에 대한 외경심 등을 깊은 신앙심으로 내다 보며 쓴 수필도 예리하다. 주말마다 비가 내리는 것이 마치 환경파괴를 비롯한 인간들의 무분별한 편의 위주의 생활에 대한 하느님의 꾸중이라고 느끼는 작가이다.

친구가 사 준 작은 손가방 하나에 감격하고 자신이 손뜨개를 하고 싶은 심정과 할 수 없음을 인정하며 마음을 달래는 표현이 진솔하다. 어머니를 도와서 살림을 해 보고 싶어 하고 식물을 기르면서 소소한 재미를 느끼고 성취의 기쁨을 맛보는 일상의 일들을 한 편의 수필로 곱게 빚어내는 김성윤 수필가는 긍정의 전도사라 할 만하다.

수필가 김성윤은 장애를 지니고 살면서도 식물을 정성껏 키우며 사랑을 쏟고 자연에 대한 사랑이 남다르다. 이웃 사랑, 자신을 이해해 주는 사람들에 대한 고마움과 어울림에 대한 기쁨과 감사를 여러 작품에서 노래하고 있다. 그는 희망과 삶의 기쁨을 전하는 수필을 아주 담담하게 빚어내는 데 성공했다. 그것은 깊은 신앙심과 수분(守分)의 자세에서 오는 긍정의 힘이다. 그의 수필의 구석구석을 다 전하지 못해 아쉽다. 수필은 생활의 현장을 쓰는 문학인데 김성윤은 앞으로도 독자들에게 무한한 희망을 산소처럼 뿜어내며 미소로 다가갈 것이다.

김성윤 수필집
아버지의 인생

2025년 6월 25일 초판 인쇄
2025년 6월 30일 초판 발행

지은이   김성윤

발행인   강병욱
발행처   도서출판 교음사
편집   수필문학사

03147 서울 종로구 삼일대로 457 수운회관 1308호
Tel (02) 737-7081, 739-7879(Fax)
e-mail : gyoeum@daum.net
등록 / 제2007-000052호

* 잘못된 책은 바꿔 드립니다. 값 18,000원

ISBN 978-89-7814-043-0 03810

후원

- 이 책은 한국장애인문화예술원의 후원을 받아 2025년 장애예술 활성화 지원사업의 일환으로 발간 되었습니다.

- 이 책 내용의 전부 또는 일부를 재사용하려면 저작권자와 교음사의 동의를 받아야 합니다. 지은이와의 협의 하에 인지는 생략합니다.